德鲁克

说管理

赵 凡 编著

现代
管理学
之父

Peter F. Drucker

辽海出版社

图书在版编目（CIP）数据

德鲁克说管理 / 赵凡编著 . —沈阳：辽海出版社，
2017.10

ISBN 978-7-5451-4432-1

Ⅰ . ①德… Ⅱ . ①赵… Ⅲ . ①德鲁克 (Drucker,
Peter Ferdinand 1909-2005) —管理学 Ⅳ .
① C93-097.12

中国版本图书馆 CIP 数据核字（2017）第 249653 号

德鲁克说管理

责任编辑：柳海松
责任校对：丁　雁
装帧设计：廖　海
开　　本：630mm×910mm
印　　张：14
字　　数：163 千字
出版时间：2018 年 3 月第 1 版
印刷时间：2018 年 3 月第 1 次印刷

出版者：辽海出版社
印刷者：北京一鑫印务有限责任公司

ISBN 978-7-5451-4432-1　　　　　定　　价：68.00 元

序 言
PREFACE

管理不仅是一门科学，而且是一门艺术。

企业要健康地发展，从成功走向卓越，就必须在管理上有所突破，用最新的管理理念武装自己，不断推动新的管理实践，这也是众多企业管理者必须面临和解决的问题。

经济在发展，社会在进步。管理也不能一成不变。管理必须要有所突破，才能适应经济形势的整体变化，才能满足企业经营实践的需求。这是众多优秀企业管理精英的共识，也是企业管理者必须树立的观念。

与欧美企业相比，中国企业的管理在很多方面都存在明显的缺陷和不足。虽然在这短短的二十多年当中，中国企业取得了长足的进步，但我们必须清醒地认识到，在现阶段，中国企业需要解决的问题还很多很多：

在人力资源方面，许多企业人力资本的匮乏现象非常严重，企业家为人才难得、人才难留而苦恼。

在核心竞争力方面，很多企业在打造核心竞争力上，还不够自觉，还非常盲目。怎样有意识地发现自己的优势，进而发展成竞争优势，对中国企业来讲是一个未尽的路程。

在战略方面，不少企业没有真正意义上的发展战略，很多企业普遍陷入无战略危机。

在品牌方面，中国绝对是一个制造业大国，同时也绝对是一个品牌小国。

......

这些问题的解决，需要中国企业在管理上有所突破，突破传统观念的束缚，突破主观偏见的束缚，突破那些不合时宜的管理机制的束缚……也就是说，在当代中国走向世界的过程中，国际化的趋势越来越明显，中国企业必须用一流的国际化的管理观念来武装自己，大力推动企业的管理实践。因此，本书试图通过对国际公认的管理学大师德鲁克的管理理念的阐释和解读来让中国的企业管理者们能够站在大师的肩膀上，学习到最新和最好的管理理念。

本书的一个特色是严格遵循管理大师德鲁克的管理理念，突破了不合时宜的传统的管理观念，更有利于提高企业管理者的管理水平，有利于企业做好自身的经营管理，有利于企业的健康发展，有利于企业不断从优秀走向卓越。

此外，本书精选了大量世界知名企业的典型案例，使读者深刻地感知世界知名企业是如何运用最新的管理理念进行管理的，从而更好地理解和实施书中所阐述的管理观念。

我们认识到，企业之间表面和浅层的差距是容易拉近的，而更深层次的差距却是难以预料的。企业发展中至关重要的因素包括：对经营环境的应变能力、创新能力、决策能力、操作和控制能力，而知识管理正是企业赖以持续提高这些能力的基石。因此，缺乏有效的知识管理，是无法在这场企业竞争的长跑中取得好名次的。

学管理已经是个人创业和组织运营最为重要的一个环节，本书融合了德鲁克管理大师的管理理念、管理原则、管理方法、管理系统，通过通读本书，你可以学习到种种的管理智慧并学之能用，用之有效。它完全切合了当今许多专业的管理课程的精华，使之简单易学，生动有趣。

　　本书对于职业经理人、专业人士以至在校学生和正在为整个职业生涯打基础的年轻人，是一本不可多得的趣味性指导读物，它拉近了我们和世界一流管理大师的距离，让我们和德鲁克大师在管理理念上进行心和心的交流，让每一个对管理知识充满期待的人在不断完善个人的知识体系、知识内容和知识结构的过程中，获取一种完美的心灵沟通。

目 录
CONTENTS

Part 3　德鲁克说企业成功靠的是团队

Part 4　德鲁克说领导就要做领导的事

Part 5　德鲁克说沟通是一门艺术

Part 6　德鲁克说会时间管理的人才能成功

Part 7　德鲁克说要以事业的心态对待工作

Part 8　德鲁克说每个人的职业生涯都需要管理

Part 9　德鲁克说战略规划是管理者的常识课

Part 10　德鲁克说管理者要为组织找到核心能力

Part 1

德鲁克说
人力资源是最重要的管理

左右企业命运的不是企业家本人，而是企业的人才数量。雄厚的人才储备是企业持续发展的关键，人才能给企业带来源源不断的生命力。只要人才不失，再大的困难都能扛过去。

左右企业命运的是企业的人才储备

【德鲁克语录】

传统的人力管理方式并没有把人力当作一种资源，而是看作是成本。

【活学活用】

德鲁克认为，左右企业命运的不是企业家本人，而在于企业是否有足够的人才。雄厚的人才储备是企业持续发展的关键，人才能给企业带来源源不断的生命力。只要人才不失，再大的困难都能扛过去。

美国西南航空公司的创始人赫布·凯莱赫的管理信条是："更好的服务 + 较低的价格 + 雇员的精神状态 = 不可战胜。"西南航空公司的发展并不是一帆风顺的，公司成立不久，就遇到财政困难。

当时，凯莱赫面临两个选择：要么卖掉飞机，要么裁减雇员。在这种状况下整个公司人心惶惶。公司只有四架飞机，这可是公司的全部经济来源所在啊！但是赫布·凯莱赫的做法却是出人意料的，也让所有员工大为感动：他决定卖掉这四架飞机中的一架。

"虽然解雇员工短时间内我们会获得更多的利润，但我不会选择这样做。"他说，"激励员工努力工作的最重要的方法之一，就是让员工感到前途安全。任何时候，我都会将员工放在第一位，这是我管理法典中一个最重要的原则。"

善待员工自然能激发员工对工作的热爱。公司要求雇员在15 分钟内准备好一架飞机，员工都很乐意遵守，没有一个人有怨言。在西南航空公司，雇员的流动率仅为 7%，是国内同行业中最低的。凯莱赫对此感到非常自豪。

"我希望自己的员工将来与他们的子孙辈交谈时，会说在西南航空工作是他们一生中最美好的时光。他们的人生在这里获得了飞跃。这也是对我们工作的最大褒奖。"凯莱赫如是说。

在短短 32 年内，西南航空公司从成立之初的 4 架飞机、70 多名员工，已发展到如今拥有 375 架飞机、3.5 万名员工、年销售额近 60 亿美元的规模，成为美国第四大航空公司。西南航空公司短期迅速崛起的原因与其独特的企业文化分不开。

人才是公司最大的财产。孙子说："夫将者，国之辅也。"意思是说："将帅是国家的左膀右臂。"将帅左右着国家的命运，是国家最宝贵的资源。一个国家尚且如此，企业更是如此。如果企业轻易裁员，不注重人才的培养和储备，就有可能使企业陷入无人可用的尴尬境地。只有将员工与公司结为一体，共存共荣，才能激发员工对企业怀有热爱之情，树立强烈的公司意识，用心服务于所栖身的公司。

吸纳最优秀的人才是企业发展的关键

【德鲁克语录】

没有任何决策所造成的影响和后果，比人事决策更有影响。

【活学活用】

德鲁克说，人事决策必须进行仔细的考虑、认真的讨论，并集中组织各种人参与决策进程。人事决策之所以如此慎重，其根本原因就在于人事决策决定着企业的竞争力。企业的竞争就是人才的竞争。如何吸纳最优秀的人才，已经成为企业发展的关键因素。找到最优秀的人才，是管理者的主要任务之一。

美国纽约的第七街是美国时装业的中心。在美国近 5 000 家大服装公司的激烈竞争中，约南露珍服装公司居于首位，董事长大卫·斯瓦兹由此而得"时装大王"的美誉。斯瓦兹的成功与他绝妙的择人眼光分不开。

斯瓦兹 15 岁时起在一家服装公司做工，19 岁时，用自己积蓄的 3 000 美元与人合伙办了一家小服装厂。但服装厂的生意并不见起色。斯瓦兹感到亦步亦趋跟在别人后面，将永无出头之日，要想成功就要开创出自己的牌子，便要创新，要标新立异，因此，他急切地想寻找一名出色的设计师助自己一臂之力。

一天，斯瓦兹到一家零售店推销成衣。30 来岁的店老板看了一眼他的衣服说"我敢打赌，你的公司没有设计师。"这一句话更让斯瓦兹意识到公司没有设计师的危机性。

老板从店内请出一位身穿蓝色新装的少妇，并说："她这件衣服比你们的怎么样？"

"好看多了！"斯瓦兹脱口赞道。

"这是我特地为我太太设计的。"老板骄傲地说，并且不屑地撇了撇嘴角，"虽然我只开这么个小店，也没把你们这些大老板放在眼里，你们有几个懂得设计？连点美的概念都没有！"

对这种接近侮辱的话，斯瓦兹毫不在意，他笑容可掬地问："你为何不找一家大公司一展所长呢？"

没想到那老板发泄开了："我就是饿死，也不再去给别人当伙计了！我曾给三家公司做过设计师，明明是他们不懂，偏偏说我固执。我灰心透了。他们懂个屁！"

斯瓦兹感到，这样倔强自信、高傲暴躁的人，往往是才能很高的人，决心争取他做公司的设计师，但被他断然拒绝了。

斯瓦兹找到了一贯支持和帮助他的前老板斯特拉登，了解那位名叫杜敏夫的人。

"你的眼光不错，他的确是怀才不遇。"老板说，"要是我年轻十年，这个人就轮不到你了！"

"你是怕困不住他？难道历史悠久的公司反而无法使用优秀的青年人？"

"要知道，一个经理人才，因他本身有实权，只要他真有一套，别人根本排挤不了他；而设计人员就不同了，全看他们的才能是否被主管欣赏，看主管是否有魄力。杜敏夫这个人脾气很坏，不好相处。"

"只要他真有本事，脾气我倒不在乎。"

"他指着你的鼻子骂大街，你也不在乎吗？"

"只要他不是无理取闹。"

斯特拉登频频点头："只要你有这种精神，将来的前途不可限量。杜敏夫是个人才，只要你会用他，也许会为公司开拓出新的局面。"

这番话促使斯瓦兹以"三顾茅庐"的精神几次三番地登门拜访，诚心相待。杜敏夫终于被他感动了，他答应出任斯瓦兹的设计师。

在杜敏夫的建议下，斯瓦兹首先采用了人造丝做衣料，一步领先，在美国时装业占尽风光。约南露珍服装公司的业务扶摇直上，在不到十年的时间内，就成为令同行侧目的大公司。

斯瓦兹成功的案例充分说明了人才对于公司发展的决定性作用。斯瓦兹的做法也提醒了企业管理者，一旦发现了这样的优秀人才，就要"咬定青山不放松"，要有礼贤下士的精神，为己所用，为企业的兴旺发达不断注入新鲜血液。

管理者就要善于寻找不同寻常的人才

【德鲁克语录】

从人事决策中就可以看出一个管理者的能力。

【活学活用】

德鲁克认为，企业所需要的是能够完成非常任务的寻常人才，为组织找到这样的人才，是卓有成效的管理者必须努力做到的事情。在德鲁克眼里，管理者应该是一位知根知底的管家，不仅知道企业需要何种人才，更知道如何找到他们。从人事决策中就可以看出一个管理者的能力。

克莱斯勒的老板就是通过请来对手踢出去的艾柯卡，而使公司重新走上崛起之路。

在福特公司，艾柯卡被亨利·福特一步步提拔为福特汽车公司的总裁。福特有一个毛病，就是好计较面子，因此艾柯卡和他相处得十分谨慎。

有一天，福特命令艾柯卡解雇一位高级职员。因为这名职员是一名同性恋，福特非常反感他。

天哪！这是什么想法？艾柯卡不得不把朋友请了出去，自己也在提心吊胆中过日子。虽然日子不好过，艾柯卡还是取得了好成绩。但成绩到来的时候，霉运也开始了。

有一次，一百多个美国银行家和股票分析家聚会，艾柯卡的发言受到了参会者一致的好评。没想到，这让福特发怒了，因为艾柯卡抢了他的风头。他对艾柯卡说："你跟太多的人讲了太多的话，他们还以为你是福特公司的主事者，这种场面让我太尴尬了。"

福特毫不理会艾柯卡的意见，决定不再把小汽车推向市场，结果使得公司不断亏损。事后，他对此没有做出任何的解释。当一个记者向他采访这件事时，他只回答了一句话："我们确实碰上了一大堆麻烦。"

这时，福特决定把艾柯卡踢出去，他的手段一个接着一个，他还到处散播谣言说："艾柯卡早已和黑手党搅在一块儿了"。他是董事长，艾柯卡是他任命的总裁，也是他的得力助手，他竟如此做，实在让人搞不明白。一年之后的一次董事会上，福特突然对艾柯卡说："我想你可以离开了。"

就这样，功勋卓著的艾柯卡被福特无情地解雇。美国《底特律自由报》同时刊出了两个大标题："克莱斯勒遭到空前的严重亏损"和"李·艾柯卡加盟克莱斯勒"。

两条新闻同时出现，都和艾柯卡有关系。艾柯卡在福特取得的非凡成绩有目共睹，结果被老板炒了鱿鱼，自然引人关注。另外因为艾柯卡是汽车工业的天才，他加盟克莱斯勒之后，会给新东家带来什么新气象，大家自然是拭目以待。

艾柯卡接管克莱斯勒公司的时候，该公司正面临倒闭的危机，两年之间，公司亏损已达17亿美元。艾柯卡想尽了各种办法解决了公司一个又一个的危机。

到1983年春，克莱斯勒公司已经可以发行新股票了。本来计划出售1250万股，但是谁也没有料到，最终的发行量超过一倍。买股票的人多得排队等候。2600万股在一小时内就全部卖光，其总市值高达432亿美元，这是美国历史上位居第三位的股票上市额。

这一年，克莱斯勒公司获得925亿美元的实际利润，创公司历史新高。

1984年，克莱斯勒公司扭亏为盈，净利润达到24亿美元。艾柯卡成为美国人心目中的英雄。

优秀的人才就是神仙手，能够迅速扭转公司的不利局势。而人才的引进和聘用，都是从管理者英明的人事决策开始的。管理者作出正确的人事决策，是驾驭好一个组织的最基本的手段。"用金银总有尽时，用人才坐拥天下"。及时准确地把人才选拔出来，我们就具备了征服市场的人力资本。

给员工合适的岗位发挥他们的优势

【德鲁克语录】

人事决策不在于减少员工的弱点，而在于发挥员工的长处。

【活学活用】

德鲁克认为，不管是谁，在任用别人时，如果只想减少弱点，那么他所领导的组织最终必然是平平庸庸的。管理者在作人事决策时，着重考虑的应是如何充分发挥他们的长处，而不是他们的短处。

福布斯集团的老板马孔·福布斯是一个十分善于用人的管理者。在福布斯集团工作，只要你有才干，你就能够被安排在合适的岗位上，让你大显身手。

列尼·雅布龙是一名理财专家，但他又是一个出名的"小气鬼"，诸如要求一下班就关冷气，死皮赖脸拖欠他人的货款等。可是马孔·福布斯看重的便是列尼小气的特点，理财嘛，不小气怎么行？事实证明，列尼·雅布龙在担任总裁期间，开源和节流都做得很好。

列尼·雅布龙最著名的大手笔是出卖"美国领土"。

1969年，马孔·福布斯花350万美元在科罗拉多州丹佛市以南约321.86公里的地方买下一个牧场，面积为680万公亩。马孔·福布斯原本计划将这片牧场开发成狩猎场。当一切筹划就绪，准备开业时，科罗拉多州政府却发出通知，说这块土地上的野生动物是该州的财产，私人不得任意处置。

这等于给马孔·福布斯的狩猎场判了死刑。

怎么办？350万美元，以及后期的大量投入，总不能就此付之东流了吧。

正值危急关头，列尼·雅布龙出了一个高招。

他把这片土地划分成许多面积为202公亩（1公亩=100平方米）的小块，然后分块出售。他们的宣传做得很到位，称这块土地是实现美国梦的最佳场所，是一个完全不受污染的天堂，可以让每一个购买的人拥有一块美利坚合众国的土地。这一招立见奇效，许多人纷纷购买。

202公亩的售价是3500美元，每公亩是17.33美元，而马孔·福布斯买进时的价格，才不过每公亩0.54美元。这一笔生意，赚进了3400万美元，超过当年的杂志主营业务收入。

福布斯的弟弟华莱士·福布斯是哈佛的工商管理硕士，并且有一定的工作经验。作为一个家族企业，如果把华莱士·福布斯委以重任，这里理所当然的事情。

但马孔·福布斯让弟弟到投资部担任副主管，还亲自向投资部的主管雷·耶夫纳保证，投资部的事情全权交给雷·耶夫纳，华里士·福布斯的职权仅仅限于处理业务。

华里士·福布斯也高兴地接受了这样的安排，并且与雷·耶夫纳相处得很好。

马孔·福布斯这样安排，是因为他弟弟的长处在于企划方面，而不在于高层管理方面。

德鲁克认为，用人其实就是在用人的长处。用最合适的人胜过用最优秀的人，精明的企业管理者对待人才要做的，最应该学会就是要发现人才的优点，使得人尽其才，将合适的人才放在合适的位置上。

要警惕管理中的"劣币驱逐良币"现象

【德鲁克语录】

如果连一个平庸、喜欢拍马屁、爱耍小聪明的人都能得到奖励，那么这个企业将会走下坡路。因为这个企业只会鼓励这种人。

【活学活用】

德鲁克认为，企业鼓励哪种人，哪种人的数量将会在企业内增多，哪怕是这些人的品行不端。

16世纪，英国的金融市场上流通的是金属铸币。时间长了，人们发现足值与不足值的铸币可以一样使用。于是，人们就把成色好的足值货币（良币）储藏起来，而把不足值的铸币（劣币）赶紧花出去。结果，劣币反而成为市场上的主要流通货币，良币被劣币驱逐出了市场。

这一现象，最早被当时的金融家、商人托马斯·格莱欣发现。他由此提出了著名的"劣币驱逐良币法则"，这一法则因此也被称为"格莱欣法则"。

后来，人们用这一法则来泛指价值较低的东西把价值较高的东西挤出流通领域的现象，"劣币驱逐良币"在很多领域都非常常见。如盗版软件对正版软件的冲击；官场上，清官可能会受到贪官的排挤；医院里，拒收"红包"的医生可能被乐于受贿的医生孤立起来。

管理者在人才管理中，要谨防出现"劣币驱逐良币"的现象。这一现象最常见的表现，就是公司的不当裁员。经济学家甚至将公司的不当裁员，用一个很不雅观的词来形容："茅坑症候群"。

企业不当裁员的行为主要体现在优秀的人才离开了，平庸的人留了下来。"茅坑症候群"是形容留下的人一定会"占着茅坑不拉屎"，毫无贡献度可言。

"茅坑症候群"会对企业竞争力造成严重创伤。这个名词有两层意义：第一层意义是没本事的庸才别无选择，因此会抓着原本职位不走，这正应了一句歇后语：占着茅坑不拉屎；另一层意义是：正常的茅坑功能在于清除粪淤，保持畅通，而平凡之辈在组织人才短缺之下，多会升到高位，生杀大权在握，招聘新员工时，会让企业受到帕金森定律的严重干扰。

美国著名历史学家诺斯古德·帕金森曾写了一本名叫《帕金森定律》的书。帕金森在书中阐述了机构人员膨胀的原因及后果：一个不称职的官员，可能有三条出路。第一是申请退职，把位子让给能干的人；第二是让一位能干的人采协助自己工作；第三是任用两个水平比自己更低的人当助手。

对于领导者来说，第一条路肯定是不会走的，因为那会丧失权力；第二条路也不能走，因为那个能干的人会成为自己的对手；看来只有第三条路最适宜。于是，两个平庸的助手分担了他的工作，他自己则高高在上发号施令。两个助手既然无能，只能上行下效，再为自己找两个无能的助手。如此类推，就形成了一个机构臃肿、人浮于事、相互扯皮、效率低下的组织体系。

经济学家对管理者的建议是：要确定出清晰、科学的员工能力评审规则和业绩评判标准，最大可能地分出哪些人是企业的良币、哪些是劣币，并对员工能力的变化进行规范的动态观察。

如果企业不幸染上"茅坑症候群",就必须痛下狠手,彻底换下庸碌之辈,以釜底抽薪之计来换回企业青春。

要将人才的卓越表现与企业的需求相匹配

【德鲁克语录】

世界上根本就没有"全能"的人,要"能"也只是表现在某个方面。

【活学活用】

德鲁克认为,管理者要促进人才发挥专长,而不是要求他必须是个全才。任何人的卓越只能表现在一个方面或极个别的几个方面。将人才的卓越表现与企业的需求相匹配,这就是最成功的人事决策。

美国著名的西华公司的创始人理查德·萨耶是做小本生意起家的,他的事业发展到后来特别兴旺,连他自己都感到吃惊。他的成功之处在于他善于发现人才和使用人才。

萨耶最初的时候是在明尼苏达州一条铁路上做货物运输代理业务。后来他与卢贝克一起成立了"萨耶·卢贝克公司"。两个人搭档后使生意突飞猛进,他们实行了多种经营,突破了运输代理范围。

当他们的生意越做越大时,却发现自己已无力管理好公司,因此就想找个人帮他们管理。但是过了好长一段时间他们都没找到合适的人。

突然有一天,萨耶下班回到家时,看到桌子上放着一块妻子新买的布料。

"你要的布料，我们店里多得很，你干吗还花钱去买别人的呢？"

"这种布料的花式很特别，流行！"妻子说。

"就这种布料，也能流行起来？它不是去年上市的吗？一直都不好卖，我们店里还压着很多哩。"

"卖布的这么说的，"妻子说，"今年的游园会上，这种花式将会流行。瑞尔夫人和泰姬夫人到时将会穿这种花式的衣服出场。这可是秘密哦，你不要告诉其他人。"

萨耶感到有些好笑。想不到他这样精明的商人，竟有这么一个轻易上当的妻子。

到了游园会开幕那一天，果然如妻子所言，当地最有名望的两位贵妇瑞尔夫人和泰姬夫人都穿上了那种花式的衣服，其次是他的妻子和其他极少的几个女人穿了，那天，他的妻子出尽了风头。

更奇特的是，在游园会上，每个女人都收到一张宣传单：瑞尔夫人和泰姬夫人所穿的新衣料，本店有售。这时，萨耶突然开窍了：这一切，都是那个卖布的商人安排的！手段可不同凡响啊！

第二天，萨耶和卢贝克带着妻子的宣传单，到那家店去，想看一下那个商人到底是谁。远远的，他们就看见那家店被女人们挤得水泄不通。萨耶和卢贝克一下子对那个商人佩服得五体投地。

"这个人就是我们要找的人，不管他长得高矮胖瘦，不管他是老是少，也不管他是男是女！"

但当他们见到那个商人时，却不禁哑然失笑：那个商人竟然是他们的老熟人路华德。寒暄之后，萨耶和卢贝克开门见山："我们想请你去做我们公司的总经理。"路华德感到十分惊诧，因为萨耶和卢贝克的生意在当地做得太好了。他要求给他三天时间来考虑这件事。

三天后，路华德同意了。出身于市井小店的路华德对萨耶和卢贝克深怀感恩之情，工作十分投入，很快做出卓越的成绩。

他和萨耶、卢贝克一起奋力拼搏，公司业务蒸蒸日上，十年时间，公司营业额增长了 600 多倍。后来，公司更名为西华公司。如今这家公司已有 30 多万员工，主营零售业，每年营业额高达 70 亿美元。这个营业额，在美国零售业中，属于一流成绩。

技能、知识很容易被教会，而才干则不容易被教会。不同职业和岗位所需要的才干各不相同，作为企业的管理者，要想成就大事，就必须找有才干的人为己所用，而且不必计较他的学历及出身。

一线管理者才是企业的根基所在

【德鲁克语录】

一线的管理者是权责的枢纽，只有在他们力所不及的情况，他们才会把管理转移到上一级。也就是说，一线管理者就是组织的根基。

【活学活用】

古往今来，太平盛世的背后必定有位贤明的君主，战无不胜的队伍当中必定有个指导有方的将军。行军打仗，将军的做法和能力直接决定着军队的战斗力。同样，作为企业组织的领导阶层，管理者个人执行力的强弱直接决定着整个组织执行力的强弱，决定着企业的命运。

具有百年历史的雅芳已发展为全美 500 家最大的企业之一。1999 年，是美国有史以来最美好的经济繁荣期，雅芳的股票却一落千丈，公司运营走入低谷。许多女性不愿意推销雅芳的产品，产品销售量也急剧下降，产品似乎已经与时代脱节了。

雅芳董事会成员 annmoore（现任时代公司执行副总裁）回忆说："当时确实有那种疑问，雅芳时代已经过去了吗？"事实证明，情况并不会就这样糟下去。因为这年的 11 月，雅芳在步入生命第 43 个年头的时候，钟彬娴接手了雅芳。她也是雅芳百年历史上第一位华裔女 CEO。

1958 年，钟彬娴生于加拿大多伦多。20 岁时她从普林斯顿大学毕业，获得英语文学学士学位。在刚上任的短短 20 个月时间里，钟彬娴的举措令所有人大吃一惊。1999 年 12 月，在她上任四个星期后的一次分析研讨会上，推出了一项"翻身"计划。她说，要开拓全新的产品领域，开发一鸣惊人的产品。

最令人惊讶的是，她没有放弃表面上看来已经过时的直销销售方式，同时提出通过零售点销售雅芳产品的方式——这是在雅芳 115 年的历史中从未有过的。现在雅芳专柜已经进入了遍布美国各地的零售业巨头 JCpenney 商场。

与此同时，为了壮大雅芳销售代表队伍，她实施了一项新的计划，即雅芳销售代表可以找下家，雇佣新的销售代表，并可以得到下家的部分销售收入，但是同时必须付出更多的汗水和辛苦。通过这种方式，仅一个季度，雅芳的销售代表总数就增长了将近 10%。

一个优秀的管理者可以成就一个团队。优质的产品加上高效的销售方式，使得雅芳在竞争中逐渐找回了过去的优势地位，在化妆品行业重新树立王者风范。雅芳因钟彬娴而获得新生。同样的事例在商业史上不胜枚举：比尔·盖茨创建微软王朝，张瑞敏创造海尔神话，洛克菲勒缔造石油帝国……在企业发展过程中，绝大部分成就其实都是在领导者强大执行力的带动下取得的。

管理者是组织执行力之源。通用电气总裁韦尔奇被誉为"世界经理人的经理人"，但多数人对他的了解和尊重，并非是因为他在管理学基础理论上做出了多么大的建树（尽管他一本书的版权就卖了几十万美元），而是作为通用电气总裁与属下的有效沟通和示范。他经常手写一些"便条"并亲自封好后给基层经理人甚至普通员工，他能叫出一千多位通用电气管理人员的名字，亲自接见所有申请担任通用电气500个高级职位的人等。正是通过这些简单有效的办法使韦尔奇的策略有效地贯彻下去，形成了一个具有强大执行力的优秀团队。

执行是从领导开始的，管理者决定了整个团队的执行力强弱，一个企业的领导者决定着一个企业的执行力，一个部门的领导者决定着一个部门的执行力。执行力的实施就是通过领导者对员工的沟通和示范来推动的，因此作为一个优秀的领导者，必须身先士卒、百折不挠，由此产生巨大的示范效应和凝聚作用，有效地激励和团结员工，共同实现企业目标。

学会激发下属工作热情的方法很重要

【德鲁克语录】

管理者的终极任务就是要引导出员工的工作热情和希望。

【活学活用】

德鲁克认为，管理者承担着激励员工的使命，他们必须学会激发下属工作热情的方法，使之心甘情愿地为实现组织目标而努力奋斗。在管理实践中，正确的人事决策具有强烈的激励导向作用。

有一个聪明的猎人带着几只猎狗去森林中打猎。正巧碰见一只野鸡，猎人放出一只猎狗去追，可是追了很久也没追到。

猎人见了，怒斥猎狗说："你真没用，竟连一只小小的野鸡都跑不过。"猎狗垂头丧气地说："你有所不知，并非我无能，只因为我和野鸡跑的目的完全不同，我仅仅是为了博得你的喜欢而跑，但是野鸡是为了活命而跑啊。"

猎人一听，觉得猎狗说得很有道理，同时也提醒了他："我要想得到更多的猎物，就必须想个办法，让猎狗也去为了自己的活命而奔跑。"思前想后，猎人召开猎狗大会，决定对猎狗实行论功行赏。他宣布："在打猎中每抓到一只野鸡，就可以得到一根骨头的奖励，抓不到野鸡的就没有。年底考核，最后一名者被杀掉。"

这一方法果然管用，为了避免成为最后一名，猎狗们抓野鸡的积极性大幅度提高了，每天捉到野鸡的数量也大大增加。可是，过了一段时间后，猎人发现猎狗们虽然每天捉到野鸡的数量都很多，但小野鸡越来越多。猎人想不明白，于是，他便去问猎狗："最近你们怎么老是净挑小野鸡抓？"

诚实的猎狗说："大野鸡跑得快，小野鸡跑得慢，小野鸡比大野鸡好抓多了。按您的规定，大的小的奖励都一样，那我们又何必费劲儿去抓大野鸡呢？"猎人一下恍然大悟，原来是自己奖励的办法需要改进啊！于是，他宣布，从此以后，奖励骨头的多少不再和捉到野鸡的数量挂钩，而是和捉到野鸡的重量挂钩。

这个方法一出台，猎狗们的积极性再次得到高涨，野鸡的数量和重量都大大超过了以往，猎人非常高兴。然而好景不长，过了一段时间后，猎人发现新的问题又出现了，猎狗们捉野鸡的积极性在下降，越是有经验的猎狗就变得越没斗志。这是为什么呢？猎人又去追问猎狗。

猎狗对猎人说："主人啊，这些天我们就在琢磨，我们把最宝贵的青春都奉献给您了，可是等以后我们老了，抓不动野鸡了，您让我们吃饭吗？"猎人一听，拍着大腿说道："哦，原来它们需要养老保险啊！"于是，他进一步调整激励策略："每只猎狗每月规定任务，多于任务的野鸡可以储存在猎人为他们建立的账户上，等到将来跑不动了，可以从这些账户上取出积蓄的野鸡。"这个政策让猎狗们意气风发。

但是一段时间之后，又一件意想不到的事情发生了：一些优秀的猎狗竟然逃离猎人的束缚，自己捉野鸡去了。这使猎人有些着急。他想，难道是奖赏的力度不够？于是，他把"优秀猎狗"的奖励标准提高了2倍。这一招收到了立竿见影的效果。但没过多长时间，离开猎人去捉野鸡的优秀猎狗却一下子增多了许多。

猎人无奈了，去问那些离开的猎狗们："你们为什么一定要离开我呢？我到底哪个地方做得不对？"猎狗们惭愧地对猎人说："主人，您什么都没做错，离开你是我们自己也有一个梦想，我们希望将来有一天也能像您一样成为大老板。"为了管理好剩下的猎狗，猎人成立了猎狗公司，给每个猎狗都分配有股份，每个猎狗都是老板。这一招十分灵验，从此以后，再也没有猎狗主动离开了。

由这个故事可以看出，猎人一直希望通过打破平均化的激励措施调动猎狗的积极性，让猎狗为自己尽心效力，然而，在这个过程中，猎人始终没有处理好公平和合理的有效结合，因而他的管理是失败的。一个优秀的管理者必须要保持在员工的心理承受能力之内，不至于让他们失去信心，垂头丧气。当员工有了不公平感，管理者可通过出台相应的补充决策，让激励更加透明化，目标设定更加明确化。

培养合格的继任者比实施新战略更重要

【德鲁克语录】

关键性的晋升就是将员工提升到未来高级管理层的候

选人中。

【活学活用】

德鲁克认为,任何管理者都要有培养继任者的计划和意识。培养合格的继任者,比实施一项新战略更重要。企业想要挣脱套在身上的桎梏,长期生存发展下去,管理者就要将更多的精力与智慧放在为企业培养更多能够创造财富的候选管理者上,并在企业内培养一种可供优秀经理人成长的健康文化。

麦当劳为了使优秀人才能早日得到晋升,设立了这样一种机制:无论管理人员多么有才华,工作多么出色,如果他没有预先培养自己的接班人,那么他在公司里的升迁就不被考虑。这一机制保证了麦当劳的管理人才不会出现青黄不接的情况,由于这关系到每个人的前途和声誉,所以每个人都会尽一切努力去培养接班人,并保证为新来的员工提供成长的机会。这种激励机制就像马鞭一样,使马儿们欢快地奔跑起来了。

在花旗银行,一项人才培养计划涉及全球大约一万名中层管理者的情况——他们的近况如何?他们需要提高哪些方面的能力?把他们换到什么部门才可能使他们充分施展才能?花旗银行的人力资源主管拉里·菲利普斯称此项计划为该公司全球发展的"关键"。

井植薰在三洋公司采取的是"水涨船高"的人才培养方式。"水"就是公司的全体职工,首先要把"水位"提高,让全体职工都有一个提高能力的机会,这通过完善的培训来完成;"船"是浮在水面上的出色人才,"水"涨高了,"船"才能涨得更高。当有冒尖的人才出现时,立即将他聘任到更重要的岗位上去,这样选出来的人才比起"水落石出"中涌现出来的人才在能力、思想以及工作热情上都要更胜一筹。

不仅三洋公司，世界上任何成功的公司都验证了一个颠扑不破的真理：企业如果要想取得理想的成绩，就必须奖励那些作出贡献的人。而人员晋升的决策是对组织真正想要的人员以及其代表的精神作出肯定。它们比任何话语更具有说服力，比任何数字都更加清晰了然。

20世纪80年代，柳传志经过多年的打拼，建立了联想集团。在柳传志将事业做大的同时，他就在员工之间及早地开始了物色接班人的活动。联想集团的高层干将，多数都是从基层一步步提拔起来的，这些人为了联想的事业作出了很多杰出的贡献，并最终成为联想集团今天的中流砥柱。像郭为、杨元庆、刘志军等这样的少壮派在联想集团中并不是少数。

关键性的晋升并非一个员工的首次晋升——虽然这对他本人和他的职业生涯而言可能是最重要的一次。关键性的晋升也不是提拔到最高职位的最后一次晋升：一般而言，那个层次的职位必须由管理层从一个预先圈定的小范围群体中选择填补。

关键性的晋升就是将员工提升到未来高级管理层的候选人中。这是一个组织金字塔在突然变窄处的决策。在金字塔的这一点以下，对于一个大的组织而言，每一个空缺通常有四十至五十人可供选择。而在这一点以上，每一个空缺的选择余地将缩减到三至四人。同时，在这一点以下，一个员工只在一个领域工作，或者担任一项职责。从这一点往上，他就是为整个公司工作。

懂棋道的人都明白，下棋时每落一子至少要看到后面的几步。同理，有远见、雄才大略的领导者在推举接班人也时常从大局出发，选择有能力使企业保持基业长青的人才。只有及时将员工提升到企业高级管理层的候选人中，才能真正将实质性的任务的交托给他去做，也只有这样，企业才不会发生"人才荒"。

Part 2

德鲁克说
要让有才华的人为你工作

将最好的机会、最关键的岗位、最
重要的职责留给最有能力的人，这是优
秀企业的一贯表现。

最好的机会一定要给最有能力的人才

【德鲁克语录】

最好的机会一定要搭配最有能力、绩效最佳的人才。

【活学活用】

德鲁克认为，在最有能力的人才手上，机会才能发挥最大效用。受他的影响，通用集团前首席执行官韦尔奇将自己的工作实质定义为"向最优秀的人才提供最合适的机遇，最有效的资源配置"。

比尔·盖茨始终认为，微软的命运是由创新性产品决定的，而能否开发出高技术产品，关键在于有没有具备非凡创造力的人才，同时能不能为他们创造一个好的工作环境。微软公司负责招聘工作的凯瑞·泰比特说："招揽具有非凡创造力的人才是我们的最高原则。"因此，微软更加注重招聘顶尖人才。

微软不仅需要计算机领域内的顶尖人才，他们把选聘顶尖人才的范围扩展得更大，雇用了不少远远超出个人计算机领域的各类专家，其中包括哲学家、语言学家、民族音乐学家、电影特技专家等。盖茨说："如果要在软件开发上继续取得成功，我们还必须更多地理解外部世界，并从中汲取营养，使微软公司继续发展。"言外之意，他们要在创新机会上搭配最顶尖的人力资源。

　　将最好的机会、最关键的岗位、最重要的职责留给最有能力的人，这是优秀企业的一贯表现。

　　1978 年 7 月 13 日，李·艾柯卡被亨利·福特二世赶走。克莱斯勒公司董事长约翰·里卡多力邀艾柯卡加盟克莱斯勒公司，但李·艾柯卡却是有条件的。李·艾柯卡现在要的是成为企业的最高管理者，他当第二把手的时间已经太长了。假如他接受克莱斯勒公司的工作，不出一两年一定要当第一把手，否则就不干！

　　这就是李·艾柯卡加入克莱斯勒公司的条件。这不仅是由于他与亨利相处的经验而这样做的，虽然那也是原因的一部分。这也是因为他需要有完全自由的行动才能使公司现有的状况转变过来。李·艾柯卡认为：除非我在管理方式上拥有完全的权力，我的政策才能付诸实施，否则，我去该公司之举就将成为一种人们受到挫折时所常采取的传统做法。在这一点上，李·艾柯卡有自己的办事原则。

　　在他的印象里，里卡多要他当总裁，自己当董事长。但当他告诉里卡多他的要求时，他发现自己想错了。"听着，"里卡多说，"我不打算干下去了。这里只能有一个领导的位置。如果你到我们这里来，那领导就是你。否则，我们就不会找这么多的麻烦来举行这些会见了。"里卡多知道自己的使命：那就是将拯救克莱斯勒的机会给予最有能力的人。艾柯卡是他眼中最好的人选。

　　在亨利解雇李·艾柯卡时，包括解雇费在内，福特汽车公司要给他 150 万美元。但是有一条很重要，福特汽车公司约束性很强的合同包括一项竞争性的条款，它规定如果他到另一家汽车公司工作就将丧失拥有这笔钱的权利。"不要为此担心，"里卡多决心已定，他说，"我们会全部给你的。"

　　李·艾柯卡终于没有辜负里卡多的期望，使克莱斯勒起死回生，重振昔日雄风。作为企业领导者，为了企业的长远发展和远大前程考虑，应该有里卡多这种主动让贤的胸襟与气魄，甘愿退居幕后的牺牲精神，在最好的岗位上搭配最有能力及绩效最好的人才，让更有活力、更有才华的人引领企业跟上时代发展的新潮流。

寻找比自己更强的人才来为自己工作

【德鲁克语录】

有高峰必有深谷，谁也不可能是十项全能。

【活学活用】

德鲁克认为，一个成功的企业家就要善于寻找比自己更强的人才来为自己服务。管理者最重要的责任是善于用人，而不是和属下比能耐。招募到比自己强的人，实际上已经显示了管理者的高超本领。

美国钢铁大王卡内基的墓志铭是："一位知道选用比他本人能力更强的人来为他工作的人安息在这里。"他曾说："即使将我所有的工厂、设备、市场和资金全部夺去，但只要保留我的技术干将和组织人员，四年之后，我将仍然是'钢铁大王'。"

卡内基之所以如此自信，就是因为他能够聘用那些比自己强的人做自己的助手，善于有效地发挥人才的价值。卡内基虽然被称为"钢铁大王"，但他却是一个对冶金技术一窍不通的门外汉，他的成功完全是因为他卓越的识人和用人才能——总能找到精通冶金工业技术、擅长发明创造的人才为他服务。

任用齐瓦勃就是一个典型事件。齐瓦勃是一名很优秀的人才，他本来只是卡内基钢铁公司下属的布拉德钢铁厂的一名工程师。后来，当卡内基知道齐瓦勃有超人的工作热情和杰出的管理才能后，马上就提拔他当上了布拉德钢铁厂的厂长。被提拔为厂长后，齐瓦勃充分发挥出了自己的学识和才干，最终带领布拉德钢铁厂走向了辉煌，以至于卡内基凭借着布拉德钢铁厂不俗的市场占有率而放言："什么时候我想占领市场，什么时候市场就是我的。因为我能造出又便宜又好的钢材。"

几年后，表现出众的齐瓦勃又被任命为卡内基钢铁公司的董事长，成了卡内基钢铁公司的灵魂人物。就在齐瓦勃担任董事长的第七年，当时控制着美国铁路命脉的大财阀摩根提出要与卡内基联合经营钢铁，并放出风声说，如果卡内基拒绝，他就找当时位居美国钢铁业第二位的贝斯列赫姆钢铁公司合作。

面对这样的压力，卡内基要求齐瓦勃按一份清单上的条件去与摩根谈联合的事宜。齐瓦勃看过清单后，果断地对卡内基说："按这些条件去谈，摩根肯定乐于接受，但你将损失一大笔钱，看来你对这件事没我调查得详细。"经过齐瓦勃的分析，卡内基承认自己过高估计了摩根，于是全权委托齐瓦勃与摩根谈判，事实证明，这次谈判取得了对卡内基有绝对优势的联合条件。

到 20 世纪初，卡内基钢铁公司已经成为当时世界上最大的钢铁企业。卡内基是公司最大的股东，但他并不担任董事长、总经理之类的职务。他要做的就是发现并任用一批懂技术、懂管理的杰出人才为他工作。

海纳百川，有容乃大。嫉才是管理者的一个大忌。管理者的职责是招募到比自己更强的人，并鼓励他们发挥出最大的能量来为自己服务。这本身就已经证明了你的本事。那些时常害怕下属超越自己、抢自己风头而对功高盖主者施行严厉打压的领导者是很难变得更强大的，因为他身边总是缺少比自己有谋略的人协助自己，而仅靠一个人的能力和智慧是不可能将整个企业做大做强的。

不要过于计较优秀人才身上的小缺陷

【德鲁克语录】

　　管理者要将注意力集中到人的长处上，而一些小缺陷则可以忽略不计，除非这些缺陷会影响他现有长处的充分发挥。

【活学活用】

　　德鲁克认为，管理者要将注意力集中到人的长处上，而一些小缺陷则可以忽略不计，除非这些缺陷会影响他现有长处的充分发挥。如果上级过于注重下属的不足之处，一味抓住下属的缺点和短处，不仅难以有效发挥人才的潜质，也将会毁掉上下级关系中的真诚感。

　　美国柯达公司在生产照相感光材料时，工人需要在没有光线的暗室里操作，为此培训一个熟练的工人需要相当长的时间，并且没有几个工人愿意从事这一工种。但柯达公司很快就发现盲人在暗室里能够行动自如，只要稍加培训和引导就可以上岗，而且他们通常要比常人熟练得多。

　　于是，柯达公司大量招聘盲人来从事感光材料的制作工作，把原来的那一部分工人调到其他部门。这样，柯达公司充分利用了盲人的特点，既为他们提供了就业机会，也大大提高了工作效率。这不能不归功于"掌门人"高明的用人策略。

　　由此可见，管理者只要用人得当，缺点也可以变成优点。事实上，那些真正能干事的鬼才通常不是那种循规蹈矩的人，而那些毫无特点毫无个性的乖乖派虽然容易得到管理者的好感，但他们的唯命是从也往往说明了他们能力的欠缺。某个人在某方面是天才，就意味他有可能在别的方面有缺陷。

李响就是一个这样的人。李响在美国化工公司中国分公司担任技术员。他的专业能力很强，不仅对自己工作范围内的技术问题能够轻松解决，还专注于跨部门研究，经常帮助别的部门的同事搞定科研难题。他对研究技术表现出非常的兴趣，经常为了弄懂一个小问题，而加班到深夜。公司的领导很器重他，不仅送他去公司总部进修，还时常让他担任科研项目负责人。李响每次都能出色地完成上级指派的工作。

但是李响有一个致命缺点，那就是不善于与人沟通，缺乏团队合作精神。在本部门内部，只要别人不喊着他的名字，他绝对不会说话。在他带领的科研项目中，他往往只是简单地发给大家一个任务表和计划表，就不再交代什么。部下们每次都要反反复复地找他沟通好几次。并且他很固执，当别人与他探讨技术方案的时候，对他提出的方案有任何反对意见，他都不接受，即使只是细小的修改他也寸步不让。总经理感到很头痛，但别无良策。为了不限制他在技术上的发挥，只好委屈他人，任其由着自己的性格进行工作。

无论是任何级别的管理者，如果他在任用一个人时只想避免短处，那他所领导的组织最终必然是平平庸庸的。所谓"样样皆通"，实际上可能是一无是处。才干越高的人，其缺点往往越多。管理庸才可能会让管理者觉得心里十分舒坦，但是那些很难管的、动不动就有可能让管理者头疼或者冒火的鬼才才是为企业冲锋陷阵的精锐力量。

所谓"尺有所短，寸有所长"，以辩证的观点来看，短也是长。清代思想家魏源说："不知人之短，亦不知人之长，不知人长中之短，不知人短中之长。则不可能用人。"中国智慧充满了辩证法，就看你是否具备这样的眼光。面对有缺陷的人，让其发挥优势是管理者明智的选择，但如果能巧妙地避免其短处，甚至巧妙地使用其短处，使短处产生积极作用，则是管理者的高明之处。

只有任用最出色的人才能确保企业的成功

【德鲁克语录】

一流人才必须分配到最有可能产生最大效益的领域中。

【活学活用】

在企业内部，总是有较为重要的岗位和业务领域。德鲁克认为，这些岗位和领域中，只有任用最为出色的人，才能确保企业各项事业顺利。如果内部有足以胜任的人才最好，如果没有，则应该从外部进行聘用。哪怕要支付高昂的薪酬，企业也绝不能为补缺或应付而在关键岗位上放置平庸的人才。

在美国纽约的华尔街，有一位来自中国上海的华人金融家，他的名字叫蔡志勇。蔡志勇 20 世纪 60 年代初期投身于美国金融界，几十年来任凭华尔街潮涨潮落、狂澜迭起，他都能神奇地化险为夷，绝处逢生。特别是在一波三折、危机四伏的股票市场上，蔡志勇总是能够稳扎稳打、步步为营，从而取得了辉煌的业绩，被美国金融界誉为"点石成金的魔术师"、"华尔街金融大王"。

1987 年 2 月 1 日，蔡志勇荣任全美 500 家大型企业之一的美国容器公司董事会首席执行董事和董事长。说到这里，不能不说说威廉·伍德希德这个洋"伯乐"是怎样辨别蔡志勇这匹"千里马"的。

威廉·伍德希德原是美国容器公司的董事会首席执行董事和董事长，是一个"唯才是举"的开明人士。他所领导的容器公司是一家实业公司，下属多家制罐厂，多年来一直想在金融界求得发展，因此，一直想聘请一位金融奇才来策划经营，但苦于找不到合适的人选。蔡志勇在金融界超凡的才能引起了威廉·伍德希德的注意。他慧眼识俊杰，立即与蔡志勇接洽商谈。

由于威廉·伍德希德求贤若渴，爱才如命，又不愧是网罗人才的高手，最后竟不惜以 1.4 亿美元的现金和股权高价收购了蔡志勇为董事长兼首席执行董事的"联合麦迪逊"财务控股公司，并邀蔡志勇出任容器公司董事。1.4 亿美元这个惊人的"收买"价，明眼人一看就知，威廉·伍德希德收购"联合麦迪逊"是假，"收买"蔡志勇是真。

蔡志勇赴任后没有辜负威廉·伍德希德的厚望与重托，凭借着该公司的雄厚实力，蔡志勇在金融界大展其能，没多久就使得容器公司有了突破性的进展。他先是用 1.52 亿美元收购了美国运输人寿保险公司的股票，又以 8.9 亿美元的巨资收购了若干家保险公司、一家经营互惠金的公司、一家兼营抵押及银行业务公司……并投资 2 亿美元，进一步发展这些公司的业务。蔡志勇连续 4 年将超过 10 亿美元的资金用于容器公司的多种金融服务事业。

蔡志勇以金融业务为突破口，同时积极开展多样化的业务，使该公司 1984 年资产达 26.2 亿美元，销售额为 31.78 亿美元；1985 年第一季度的纯收入达 3 540 万美元；而 1986 年第一季度的纯收入高达 6 750 万美元，同期相比几乎翻番！证券业务更是令人惊叹！仅以 1985 年为例，容器公司下属的各保险公司售出的保险单面额高达 770 亿美元。

如今的容器公司已今非昔比，它已成为拥有 33 个容器厂的巨型企业，在全美 500 家大型企业中排在第 130 位。该公司的金融服务业已形成完整的体系和不断发展的金融网络。蔡志勇上任仅 4 年，就为公司增加了 10 亿美元的资产。威廉·伍德希德更加器重蔡志勇，1982 年 2 月升任他为执行副总裁，1983 年 8 月又将他升任为副董事长。

威廉·伍德希德自鸣得意地坦言相告："蔡志勇是容器公司金融服务业的'顶梁柱'。我们之所以收购他的公司，主要是为了把他吸收到我们公司里来。"

1986 年威廉·伍德希德退休，按惯例，作为董事长，他在退休之前要向董事会推荐他的接班人。候选人当时有两名，一名是现任总经理，57 岁的蔡志勇；一名是现任副总裁，55 岁的康诺。最终，他选择了蔡志勇。因为他清醒地认识到，蔡志勇在事实上已成为美国容器公司"伟大的战略执行者"，也更具有"发展事业的信念和能力，更有进取心。"

威廉·伍德希德以 1.4 亿美元的天价来收购"联合麦迪逊"财务控股公司，根本目的是为了得到蔡志勇这位不可多得的帅才，事实证明威廉由此获得的收益要远大于此。人才作为企业的一种最重要的资源，决定着企业的核心竞争力。能否招募到优秀的合适的高级人才往往决定着企业在市场上具有多大的竞争力。所以管理者要不惜一切代价来网罗有价值的人才，让最优秀的人才为我所用。

优秀的员工需要富有挑战性的工作

【德鲁克语录】

必须让员工感觉到他们的工作具有挑战性。

【活学活用】

德鲁克认为，有挑战性但通过努力又可以胜任的工作，最能激发人的潜能。事实上，没有人喜欢平庸，尤其对于那些风华正茂、干劲十足的员工来说，成功的满足感需要由富有挑战性的工作来满足，这种满足感比实际拿多少薪水有更强大的激励作用。

盖茨及他的微软帝国就特别善于利用给予员工挑战性工作以激发员工潜能。从 1981 年起，微软就开始开发 windows 操作系统，欲以此与 IBM 的 OS/2 决一雌雄。但令人遗憾的是，这个项目却迟迟无法完成。就在这时，鲍尔默跳槽进入了微软，微软将这个巨大使命给了他。

鲍尔默挺身而出，承担起开发的责任，全力监督，终于在 1985 年成功地把 Windows3.0 推向市场。这使鲍尔默声望大增，深受爱戴。

其实，比照原定的推出时间，微软已经食言了。1985 年春，微软没能在最后期限前研制出 windows 软件时，盖茨曾气愤地说，如果 windows 软件不能在年底前上柜销售，他就要鲍尔默走人。这个挑战性的工作在很多人看来简直是一个不可能完成的任务。结果鲍尔默不负盖茨所望，当年 11 月，windows 在千呼万唤之后终于登台亮相。

这就是微软的用人文化。"微软觉得，有一套严格的制度，你就会做一个很规矩的人，但你的潜力发挥到 70% 就被限制住了，微软要每个人都做到 100%。特别是做软件，需要人的创造力，所以微软有一种激励的文化，如果你现在的情况能做到 70%，那公司给你资源，公司给你方向，公司给你鼓励让你去达到 100%"。

给予员工挑战性的工作，其背后显露的是对员工的重视。在玫琳凯看来，一般人只发挥了能力的 10%，能不能把人另外 90% 的潜能发挥出来，是一个企业能否成功的关键。而要发挥这 90% 的潜能，就要"使他感到他重要"。玫琳凯说："你若能使一个人感到他重要，他就会欣喜若狂，就会发出冲天干劲，小猫就会变成大老虎。"

美国玫琳凯化妆品公司是具有 25 年销售经历的玫琳凯女士在她退休的那年创办的。短短二十几年，这个公司由 9 名雇员发展到拥有雇员 5 000 多人，年销售额超过 3 万美元的大公司，并且在世界各地拥有 20 万人以上的经销网。很多人把玫琳凯的成功当作一个谜。事实上，玫琳凯的成功并不是什么神秘不可解之事，而正是她的"每个人都是重要的"、"使他感到他重要"的激励艺术的感染力所致。

玫琳凯自己曾有这样的叙述：记得有一次，我和另外 57 个推销员为了得到一个奖赏——到总裁家作客，做了一次为期十天、极其艰难的推销旅行。我们以车为家，日夜推销，途中还有几辆车出了问题。但是那个奖赏的诱惑足以抵消这些艰难困苦。我们心中渴望得到总裁的接见。当我们最后被邀请到总裁家时，却只被允许在花园中走走，根本没有机会和他见面！在回去的路上，大家都很少说话，非常沮丧。

员工如果感到未被重视，工作积极性就会锐减。玫琳凯的经历告诉我们，每一位领导人都应该知道，每个人都是重要的，领导人的重要工作之一，就是让下属觉得自己重要，这会鼓舞他们有更出色的表现，为组织的目标全力以赴。而使员工感到被重视的重要方法就是给予员工挑战性工作，这是在表达公司对他的期望。事实上，只要你给予他期望，他就能达到你的期望。

用更高的工作标准来管理优秀的员工

【德鲁克语录】

生产并不是把工具应用于材料，而是把逻辑应用于工作。

【活学活用】

德鲁克认为，必然存在着少数几种基本模式，并各自有适用范围。任何生产过程越能遵守科学，它就越能富有活力。卓有成效的管理者往往会制定出最具生产力的工作标准，然后要求员工做到。

日本丰田是标准化工作的典范。以轿车前座椅的安装为例，丰田公司将它分解为7道工序，进行安装的汽车在生产线上按照一定的速度依次地通过各个环节，整个工序时间为55秒。在安装的整个过程中，为了避免出现误差，丰田公司要求工人对各个工序的完成必须"准时化"。

在这个流程中，第四道工序是安装前座椅螺丝，第六道工序是安装后座椅螺丝，如果一个工人在应当做第4道工序的时候做了第6道工序，或者31秒之后还在做第4道工序（按照流程的设计要求，第4道工序要求在第31秒的时候完成）这个工人就会因为不合工作要求而被淘汰。

为了避免这种误差情况的发生，丰田公司除了对工人进行细致的培训之外，还精确计量流水线通过每道工序的时间和长度，并按通过的时间和长度，在作业现场标上不同颜色的作业区。如果工人在超过的作业区进行上一道工序，检测人员就能容易地发现，并及时纠正。

丰田公司的精细化思想贯穿在各个板块的工作之中。除了生产作业板块之外．在人员培训、产品研发、转产管理等各个方面的工作，也是按照精细化要求进行的。

例如转产管理，公司需要将设备从一个地方转移到另外一个地方，严谨的丰田高层将这种工作分解成十多个工序，每个工序的内容、时间、顺序也都有精确的规定，并对工作标准进行了详细地限定和描述。然后，他们将这种模式固定下来，任何时候进行转移设备时都按照这些程序进行。

在工作标准化方面，能够和丰田相媲美的是麦当劳。麦当劳进入北京之初，曾有一些国内同行到美国麦当劳总部去取经，最使他们感到惊奇的是麦当劳的各项管理井井有条，餐厅的各项工作都制定了规范化的行为标准，员工们严格按照标准程序开展工作。

麦当劳的创始人克罗克为了使企业理念"Q、S、C、V（质量、服务、清洁、价值）"能够在连锁店餐厅中贯彻执行，保持企业稳定，每项工作都做到标准化、规范化，即"小到洗手有程序，大到管理有手册"。这让惯于粗放式管理的中国企业感到不可思议。

麦当劳的所有工作标准都写在了《麦当劳手册》里。克罗克指派麦当劳的主管透纳用了几个月的时间，针对几乎每一项工作细节，反复、认真地观察研究，写出了营运手册。该手册被加盟者奉为神明，逐条加以遵循。也是员工工作时必须遵守的天条。手册里，详细说明了麦当劳的政策、餐厅各项工作的程序以及步骤和方法。许多年来，他们不断完善营运训练手册，使其成为规范麦当劳有效运转的"法典"。与《麦当劳手册》同样重要的是，透纳还制定出了一套考核加盟者的办法，使一切都有章可循，有"法"可依。

与丰田、麦当劳相比，有些企业即使构建了规范化的组织体系，明确了工作角色和职责，提炼了关键业务流程，但在实际运行时各部门之间仍然会频频出现职责不明、沟通欠缺、流程推动不力、工作标准模糊等问题，这就影响了企业工作标准的执行力度。经过分析认为，管理制度不完善是工作标准执行打折的主要原因。

要确保工作标准被严格执行，企业就必须借助于制度来实现，必须建立科学、完善的管理制度。用制度来体现清晰、有效、简洁的工作标准，工作程序，岗位职责，考核标准，进而规范执行力的标准。用制度来克服责权不对等、信息流通不畅、职责不清、业务推诿扯皮等问题。

不犯错的人必然不是优秀的人

【德鲁克语录】

越优秀的人越容易犯错误，因为他经常尝试新的事物。

【活学活用】

德鲁克认为，不犯错的人必然不是最优秀的人，犯错是优秀人才成长中的必然现象。管理者应该容忍失败。失败往往是创新的开始。企业的成功不是从天上掉下来，是从失败中来，从创新中来的。

时代华纳公司的已故总裁史蒂夫·罗斯曾说过："在这个公司，你不犯错误就会被解雇。"硅谷流传的名言是"失败是可以的"，"允许失败，但不允许不创新"，"要奖赏敢于冒风险的人，而不是惩罚那些因冒风险而失败的人"。这些鼓励创新、允许失败的言论已经成为一种理所当然的创新理念。

美国商业机器公司的一位高级职员，由于工作的严重失误，造成公司高达 1000 万美元的巨额损失。这位高级职员为此寝食不安，异常紧张。许多人建议董事长给他撤职开除的处分。

董事长将这位高级职员找到办公室来，通知他调任同等重要的新职。这位高级职员感到万分意外，问："为什么不将我开除，至少降职？"

董事长答："要是那样做，岂不是在你身上白花了 1000 万美元的学费？"

后来，这位高级职员在以后的工作中兢兢业业，以惊人的毅力和智慧，为公司做出了卓越的贡献。

有一次董事长提起这件事时说："一时的失败是企业家精神的一种'副产品'，如果给予信任，他的进取心和才智可以大大地被激发出来，完全可以超过未受过挫折的人。"

日本富士公司从 1988 年就开始实施"关于事业风险投资与挑战者的纲领计划"。如果员工的新事业构思被公司采纳，则公司和提出人共同出资创建新公司．并保证给予三年工资，假如失败了，仍可以回到公司工作。对于新创立的公司，富士公司不但给予资金支持，还给予其他资源支持。

对于优秀的人才来说，挑战和创新才是工作的常态，没有人喜欢在一个不允许失误的环境中工作。而员工能力的发挥和潜力的挖掘需要一个宽容的工作环境。只要管理者能够鼓励员工冒险，并允许失败，员工一定会用出奇的创新来回报企业。而企业的成功就是在创新成果不断叠加的基础上获得的。

3M 是一个经营着 6.7 万多种产品的百年老字号。每年开发的新产品多达二百多种，几乎每隔一至两天就有一项新产品问世。其产品推陈出新的能力令人称奇，它总能以领先于他人的速度不断开拓新的技术领域。巨大的产品更新能力为 3M 保持优良的成长能力打下了坚实的基础。

3M 公司的管理者知道在成千上万个构思中最后成功的只是凤毛麟角。公司里对此有一个很形象的比喻"亲吻青蛙"——为了发现王子，你必须与无数只青蛙接吻。"亲吻青蛙"意味着经常会失败，但 3M 公司把失败和走进死胡同都作为创新工作的一部分。他们奉行的哲学是如果你不想犯错误，那么什么也别干。

"只有容忍错误，才能进行革新。过于苛求，只会扼杀人们的创造性。"这是 3M 公司的座右铭。成功者受到奖励、重奖，失败者也不受罚。3M公司董事长威廉·麦克唐纳说："企业主管是创新闯将的后台。"3M公司努力创造轻松自由的研究开发环境。如果你的创造性构思失败了，那也没关系，你不会因此而受到冷嘲热讽，照常可以从事原来的工作，公司依然会支持你关于新构思的试验。

失败是一本大书，研究透了为什么会失败，也就找到了怎样才能成功的窍门。只有那些经得起失败，能从失败中奋起的员工才是最优秀的人、企业最需要的人，才能引导企业走向辉煌。

让不胜任的人回到原来的岗位上

【德鲁克语录】

硬把不胜任的人留下来是错误的，最好的做法是将不胜任的人请回到原来的岗位上。

【活学活用】

在新的岗位上不能胜任，继续留用是错误的。同样，将其打入冷宫，使其丧失工作热情，也是错误的。德鲁克认为，最好的做法是让其回归到原来的位置上，并想方设法保持其工作积极性不受影响。

鸠山担任索尼研究所所长以后，索尼公司的领导对他寄予厚望，希望他能带动公司整体的技术开发和研究工作，加快索尼的创新步伐。鸠山本人也希望在索尼干出一番成绩来，为此他动员电气试验研究所和电气通信研究所的几位研究人员加入索尼研究所，壮大了索尼的研究队伍。

在研究所成立的会议上，鸠山表示要继续从事晶体管研究。三年过去了，研究所却没有拿出一项重要成果。鸠山认为，从零开始搞研究，三年还看不出什么眉目。他希望公司领导能予以理解。但公司认为，企业的研究所不同于社会研究机构，必须为企业产品创新服务。基础性研究也要围绕技术开发的中心选择项目，如果长期搞自己感兴趣的研究，就起不到服务于生产的作用。

公司领导调整了鸠山的工作，让他离开研究所，担任公司的常务董事，负责公司的整个技术开发和新产品研究。1969年，索尼公司成立了磁性刻度公司，任命鸠山为总经理，在鸠山的领导下，磁性刻度公司的业务顺利发展，在磁性刻度市场上占有70%的份额，并一直保持着较高的盈利水平。

让不胜任的人回到原来的岗位上，需要管理者巧妙地处理好不胜任者的面子问题。

杰克·韦尔奇就任美国通用电气公司总裁的时候，通用电气公司正面临着一项需要慎重处理的工作：免除查尔斯·史坦恩梅兹担任的计算机部门的主管职务。

史坦恩梅兹在电器方面是个天才，但担任计算机部门主管却遭到彻底的失败。不过，公司却不敢轻易冒犯他，因为公司当时还少不了他这样的人才，如何既免除史坦恩梅兹的职务，又保全他的面子？于是，杰克·韦尔奇亲自出马。

一天，他把史坦恩梅兹叫到他的办公室，对他说："史坦恩梅兹先生，现在有一个通用电气公司顾问工程师的职务，这项职务由你来担任如何？我暂时还找不到合适的人来担任这项职务。"

史坦恩梅兹一听，十分高兴："没问题，只要是公司决定的，我就乐意接受。"

对于这一调动，史坦恩梅兹十分高兴。他虽然也知道，换职务的原因是公司觉得他担任部门主管不称职。但他对杰克·韦尔奇处理这一问题的方式颇感满意。

通用公司的高级管理人员也很高兴。杰克·韦尔奇巧妙地调动了这位最暴躁的大牌明星的工作，而且杰克·韦尔奇的做法并没有引起一场大风暴——因为他让史坦恩梅兹保住了面子。

尽管管理者对不胜任者的调动有足够的理由，但人人皆有自尊心，很多人会把这种往回调的职位变动看作是一种掉面子的事情。管理者需要艺术地处理好不胜任者的自尊问题，避免人才流失。

每一个人的岗位与能力要相匹配

【德鲁克语录】

管理者如果不先问下属能干什么，就等于先默认下属将不会有任何作为这一潜在事实。

【活学活用】

德鲁克认为，留住员工很重要的一点是确保他们的能力与岗位相匹配。这就意味着企业提拔和重用下属也要适可而止，千万不要让岗位要求超过员工的工作能力范围。岗位与员工能力不匹配，就会出现用人失误。

历史上最著名的用人失误事件莫过于长平之战中赵国起用赵括。公元前 262 年，秦派兵攻赵。赵国派廉颇为将抵抗。廉颇根据敌强己弱的形势，决定采取坚守营垒的战略。赵王以为秦国不可惧，应该主动出击，为此屡次责备廉颇。这时，秦国散布流言："秦国所痛恨、畏惧的，是马服君赵奢之子赵括。"赵王听信流言，便派赵括替代廉颇为将。赵括自大骄狂，在不明虚实的情况下，贸然开始进攻行动。结果中了秦军埋伏，大败，四十万赵军被秦国活埋。

在这个著名战役中，赵王不能知人善任，将关乎国家命运的大事交给只会纸上谈兵的赵括，险些丧国。与他相对应的是，秦王知道赵括最怕白起，果断启用，最终取得胜利。全球华人企业顾问中心执行长、美国 PDP 大中华区策略合伙人、领导风格的研究专家陈生民先生曾分析说："事实上，每个人身上都有一组'能力密码'，这组密码是开启一个人潜能的钥匙，每个人都不一样。能够解读能力密码的人就等于拥有了知人知心的能力。"

如果岗位与员工的能力不能实现完美匹配，那么一定会出现的现象是：大材小用，或者小材大用。假如出现小材大用，其造成的结果是员工不能胜任工作，而其他员工则会不服气；同样，如若出现大材小用，就会使员工会为自己怀才不遇而感到前途无望，他甚至会考虑离开。这里需要提醒的是，多数管理者最容易犯的错误是大材小用。企业为了谨慎起见，他们迟迟不敢起用员工，总是要"考察考察再考察"。

另外，将岗位与员工的能力相匹配，管理者应该弄清楚员工的最佳状态。很多人都喜欢看篮球，篮球运动员在赛场上最美的动作就是一路冲破障碍，高高跳起，一投命中。投篮这个拼搏的姿势充满了生命的激情，又显示着成功者的风采。但是假如不用跳起，而且像顺手把垃圾扔到纸篓里一样简单的话，运动员就丧失激情；假如篮筐遥不可及，无论如何都投不进，也会让人气馁，放弃努力。所以，这需要管理者在确保能力与岗位相匹配的基础上，所制定的岗位考核目标略高于员工的能力表现，这样能最大限度地保证员工的激情。

与人的能力不断增长相比，企业内部的岗位要求是相对固定的。员工的工作能力是随着实践摸索、适应岗位、培训学习等手段不断增强的，所以，每个员工在某个岗位上都会经历磨合期、成长期、成熟期和饱和期。然而，水饱和了就再也放不进糖，人饱和了就很难吸取新知识。一般来说，在某个岗位处于饱和期的员工，就一定出现了"能力高于岗位要求"的"不和谐"现象。

所以，身为企业管理者，应该经常研究员工发展到哪个阶段了。对那些已经处在成熟期的员工，要适时让他们"百尺竿头更进一步"，给他们分配一个能力要求更高的岗位，或难度更大的工作，以避免他们在饱和期不思进取，造成人才的浪费。

学会让平凡的人做出不平凡的事

【德鲁克语录】

今天的组织需要的是由一群平凡的人，做出不平凡的事。

【活学活用】

德鲁克认为，企业管理者必须帮助员工获得工作成就感。员工只有不断获得高工作成就感的激励，才能为促进企业的发展而竭尽全力。因此，管理者应该将注意力集中在解放员工的生产力上，使他们把受局限的能力水平发挥到一个极限。

阿姆科公司是一家钢铁行业的企业。在钢铁业逐渐成为"夕阳工业"以后，它的日子开始很不好过，尤其在进入 20 世纪 90 年代以后，公司的资金不断流失。在这种情形下吉姆·威尔走马上任，开始进行根本性的改革以挽救公司。他的一项最重要的举措就是："非把每个人都拉来战斗不可"。这不是一句宣传性的战斗口号，而是威尔在整治企业的过程中切身体会到的最紧迫问题。

有一次他把心理学家请进公司，派他们到业绩最好的工厂去，请他们找出工厂里实现成功的真正带头人，弄清成绩应归功于谁。结果令他惊奇的是，心理学家们回来竟说："工厂里没有带头人。"威尔不信:"什么,在我们最赚钱的为顾客服务最出色的工厂里竟然没有带头人?"心理学家们说:"对。工厂里有我们前所未见的最佳团队。所有的人都在互相合作。每一个人都把功劳归于别人。没有整个团队什么也干不成。"

自那以后,威尔对用人有了新的看法,他决定建立一套新的训练制度以鼓励团队行为。"以前我们发现了杰出人才马上把他提拔到公司中心去,使他离开了主流大众,这样做效果并不好。"于是,阿姆科公司设法造就一种新型的领导者,这种领导者不是在那里想方设法最大限度地展示个人的才能,而是尽可能地发挥团队的综合绩效。他总是把成绩归功于他的部下,他能了解谁最需要帮助,对需要帮助的人说:"我来帮你得到你所需要的帮助。"

这套新的领导方法实施以后,威尔发现他成功地达到了他的目的——把公司的每一个人都拉来战斗。正如他自己所说的:"从全世界的角度来看,这是一场全面的战斗。每个人都在力图把我们的公司抢走。我们努力把公司赢回来,使之成为一个非常成功的公司。我必须使公司里的每一个人,不分男女老少都同我一起投入这场战斗。"

而正是由于他果断地改变了过去的做法,靠团队而不是个人,他终于成功地把公司的每个人都拉进了与他并肩作战的行列中,而在他发现他做到这一点以后,他又有了另一个令人惊喜的发现——公司亏损的局面得到了遏制。不久公司的账面上开始出现了赢利,而且赢利的数额越来越大。

2000年,金庸给马云题了一幅字:"善用人才为大领袖要旨,此刘邦刘备之所以创大业也。愿马云兄常勉之。"马云将它挂在自己办公桌的前面,以此来时时提醒自己要重视人才。他说:"挂在办公桌前面,这是给自己看的,挂在后面是给别人看的。"美国作家汤姆·彼得斯认为:"再了不起的人也比不上一个伟大的团队。"任何企业的成功都是团队的结果。管理者要在打造优秀团队上做足文章。

Part 3

德鲁克说
企业成功靠的是团队

作为一个企业，如果员工各有打算，各自努力方向不一致的话，就会缺少合作的基础、影响企业发展，只有全体员工同心同德，齐心协力才能带来最大效益。

每个人心中都有一扇虚掩的荣誉之门

【德鲁克语录】

管理者必须真正地降低物质奖励的必要性，而不是把它们当作诱饵。如果物质奖励只在大幅提高的情况下才产生激励的效果，那么采用物质奖励就会适得其反。物质奖励的大幅增加虽然可以获得所期待的激励效果，但付出的代价实在太大，以至于超过激励所带来的回报。

【活学活用】

德鲁克认为，很多企业领导都会犯一个大错误，即把金钱当成激励员工的唯一办法。他们把金钱加股息当成了万能的激励方法，但金钱并不能起到持久激励的作用。在现代知识型员工越来越多的情况下，员工们更多的是追求成就感，希望被组织赋予有挑战性的工作，同时得到组织的认可和尊重。

一家研究机构的问卷调查表明，在所有激励方式中，高薪激励只排在第六位。德鲁克观察到，倚靠不支薪员工运作的非营利组织，能用明确的使命凝聚向心力，以强化培训奠定专业技能，并引导员工自定工作目标、参与决策，最终落实高标准的责任制，十分值得企业学习效法。他认为，善于激励、提高知识工作者生产力的女童子军、红十字会、教会等非营利组织，已经成为今日美国的管理导师。

况且，如果仅用金钱激励的办法也很难把握好尺度，激励不足还可能产生很多不良的影响。靠"发红包"、"加工资"、"给补贴"等方法即使能提高产品的数量和质量，却激发不出下属对企业的忠诚，也起不到促进整个团队以优秀员工为标杆的作用，更不会形成和谐融洽的集体氛围。

因为，物质奖励只能让人满足一时，而且随着人欲望的增加，物质奖励的刺激作用会越来越小。而精神奖励则能在心理上形成荣誉感和自豪感，而且这种感觉持续作用很长，甚至在任何时候想起来都能令人心潮澎湃。因此，善于运用精神激励，就能以小成本博得员工死心塌地的拥护和跟随，创造出丰厚的利润。

李总经营企业十几年，员工从十几个人发展到几百人，销量和利润也在不断攀升。然而有一件事却在一直困扰着他，那就是每年年底发出的红包。随着公司业绩的成长，大家的年终红包也就一年比一年丰厚。但李总觉得大家好像越来越不容易满足了，虽然红包发得一年比一年多，可是私下里的抱怨却越来越多。红包不再发挥激励作用，好像成了矛盾的焦点。

有位心理学家告诉李总，最重要的是要让他们在心理上感受到一种荣誉。于是，李总一方面为他们进行宣传造势，又是安排杂志、电视等媒体采访，又是联系出书。同时，为了满足他们的荣誉感，特意安排了许多虚位，例如业务副经理、业务总监、业务副总等，每人一间独立的办公室。如此一来，这些人铆足了劲儿，做出了惊人的业绩。

精神激励是对员工工作的一种激励形式，比起金钱激励，精神激励更能满足员工高层次的需求，可以使员工充分发挥内在的潜力，从而提高工作效率。精神激励主要指工作的丰富化。工作丰富化之所以能起到激励作用，是因为它可以使员工的潜能得到更充足的发挥。

每个人心中都有一扇虚掩的"荣誉之门"，都渴望被"肯定之手"推开。这是人心理层面上渴望得到尊重和肯定的人性作用使然。优秀的管理者应该是解读人性的高手，这样才能看透员工心灵深处的需求，灵活地运用物质和精神激励法，起到以小博大、四两拨千斤之效，把员工的心牢牢地抓在手中，让团队紧跟着自己的步伐前进。

授权不等于放任，监控是必要的

【德鲁克语录】

授权不等于放任，必要时要能够时时监控。

【活学活用】

德鲁克认为，企业管理者的授权，将权力下放给员工，并不意味着自己完全做个"撒手掌柜"，可以对下放的事不管不问。授权要像放风筝一般，既给予员工足够的空间，让他拥有一定范围的自主权；同时又能用"线"牵住他，不至于偏离太多，最终的控制权仍在领导的把握中。

很多人都知道"八佰伴"这个名字，作为著名的日本连锁企业它曾经盛极一时，光在中国就拥有很多家分店。就在它最辉煌的时期，"八佰伴"的创始人和田一夫把公司的日常事务全都授权给自己的弟弟处理，而自己却天天窝在家里看报告或公文。他弟弟送来的财务报告每次都做得很好。但事实上，他弟弟背地里做了假账来蒙蔽他。当他发现时，公司早已到了分崩离析的边缘。随着八佰伴集团的倒闭，和田一夫从拥有四百家跨国百货店和超市的集团总裁，变成一位穷光蛋。

海生公司隶属于一家民营集团公司。由于集团公司业务经营规模的扩大，从 2002 年开始，集团公司老板决定把海生公司交给新聘请过来的总经理和他的经营管理层全权负责。授权过后，公司老板很少过问企业的日常经营事务。但是，集团公司老板既没有对经营管理层的经营目标作任何明确要求，也没有要求企业的经营管理层定期向集团公司汇报经营情况，只是非正式承诺，假如企业盈利了将给企业的经营管理层一些奖励，但是具体的奖励金额和奖励办法并没有确定下来。

　　这是一种典型的"撒手授权"。这种授权必然引发企业运营混乱。企业由于没有制定完善的规章制度，企业总经理全权负责采购、生产、销售、财务。经过两年的经营，到 2004 年年底，集团公司老板发现，由于没有具体的监督监控制度，海生企业的生产管理一片混乱，账务不清，在生产中经常出现次品率过高、物料误用、员工生产纪律松散等现象，甚至在采购中出现一些业务员私拿回扣、加工费不入账、接受外企业委托等问题。

　　同时，因为财务混乱，老板和企业经营管理层之间对企业是否盈利这个问题也纠缠不清，老板认为这两年公司投入了几千万元，但是没有得到回报，所以以为企业经营管理不善，不能给予奖励。而企业经营管理层则认为老板失信于自己，因为这两年企业已经减亏增盈了。他们认为老板应该履行当初的承诺，兑现奖励。双方一度为奖金问题暗中较劲。

　　面对企业管理中存在的诸多问题，老板决定将企业的经营管理权全部收回，重新由自己来负责企业的经营管理。这样一来，企业原有的经营管理层认为自己的努力付之东流，没有回报，工作激情受挫，工作情绪陷入低谷。另外，他们觉得老板收回经营权，是对自己的不信任和不尊重，内心顿生负面情绪。有的人甚至利用自己培养的亲信，在员工中有意散布一些对企业不利的消息，使得企业有如一盘散沙，经营陷入困境。

　　从这个例子中，管理者应该懂得，真正的授权就是让员工放手工作，但是放手绝不等于放弃控制和监督。不论是领导者还是员工，决不能把控制看作是消极行为，而是应该正确认清它的积极意义。控制员工和向员工授权，两者密切相连、相辅相成。没有授权，就不能充分发挥员工的主动性；没有对员工的控制，则不能保证员工一直向着有利于整体目标实现的方向发展。

个人的价值观与企业的价值观必须兼容

【德鲁克语录】

想要在企业内取得成就，个人的价值观必须与企业的价值观能够兼容。

【活学活用】

德鲁克认为，相互兼容的价值观是企业获得高效执行力的认知基础。世界大多数成功的企业，除了物质技术设备优越之外，更重要的是在员工个人价值观与企业价值观兼容上的成功——共同的价值观能够促进组织全体成员在对企业、战略、任务和执行的认识上趋于一致，从而提升企业的战斗力。

在日本市场上站稳脚跟之后，京瓷总裁稻盛和夫希望公司走向海外世界，首先开辟美国市场。1962 年，稻盛独自一人飞往美国，由于语言不通，也没有志同道合的代理人，结果无功而返。

1963 年，原在松下工业任贸易部长的上西阿沙进入京瓷公司。上西阿沙出生在加拿大，他在松下时充分利用自己的语言优势，一直从事海外贸易工作。上西阿沙比稻盛年长 12 岁，对外贸经验极其丰富，正是京瓷急需的人才。

上西阿沙刚加入时，稻盛如获至宝，每天一到傍晚，稻盛就跟上西阿沙促膝长谈，竭力想使他的思想与公司一致。而上西阿沙自恃是精通贸易的专家，心高气傲，无法马上接受稻盛的想法和领导。

稻盛希望上西马上开辟海外市场，而上西阿沙认为想开展对外贸易，做市场调查的时间就得有一年左右。稻盛却绝不允许这样按部就班的慢吞吞的做法。稻盛的过度执着和上西阿沙的循序渐进产生了矛盾，二者在许多业务问题上各不相让，经常闹得不欢而散。

稻盛本来打算把经验丰富的上西阿沙当作自己的左右手，协助自己扩大海外市场。现在却为上西阿沙不能理解自己的意图而满怀怒气。这时候，稻盛深切地感受到再丰富的贸易经验，再优秀的人才，不能同心协力就没有战斗力。他觉得自己无法与上西阿沙共事，决定解雇上西。上西阿沙的养父听说这个消息十分着急，跑到稻盛家中苦苦哀求，因为上西由于过于自负在其他公司也无法待下去。稻盛决定再和上西阿沙交谈一次。他把自己所能想到的对生活、工作的态度、思考问题的方式等一一提出，向上西阿沙追问到底，想借此改变上西阿沙的思维方式。稻盛恳切的肺腑之言，终于使上西阿沙和他能够心心相通了。

在上西阿沙的协助下，京瓷很快就在美国高科技产业的圣地——硅谷，建立起了海外兵团，成为日本企业打入硅谷的先驱。

作为一个企业，如果员工各有打算，各自努力方向不一致的话，就会缺少合作的基础、影响企业发展，只有全体员工同心同德，齐心协力才能带来最大效益。共同的价值观、目标是一个优秀团队所必不可少的。企业领导者必须让每一个员工明白团队利益永远大于个体利益，个体利益永远服从团队利益。

企业更需要团队精神，不要单打独斗

【德鲁克语录】

管理意味着用思想代替体力，用知识代替惯例和迷信，用合作代替强力。

【活学活用】

德鲁克认为，衡量一个企业是否有竞争力，是否能够永续发展，其决定因素不是理念有多先进、资金有多雄厚、技术有多过硬，而在于企业是否有团队合作精神，尤其是企业的员工是否具有合作意识。

在热闹的龙舟赛会上，赛龙舟的场面非常壮观。"当"的一声锣响，十来条披红挂彩的龙舟在江岸边数万名观众的呐喊声中箭一般地冲出去。你看那龙舟上的十几名水手，在号令员的指挥下，动作协调一致，似乎有一条无形的绳索将他们联系在一起，而绳索的一端紧紧握在号令员的手中。

随着号令员的指挥，他们强壮的手臂同时举起来，又同时挥下去，那种高度一致的行动确实令人赞叹。行动最协调一致而且挥桨迅速有力的船肯定会最先到达终点。胜利的荣誉不是属于某个人的，而是属于驾驭龙舟的整个团队，包括号令员和每一位水手。

现代企业就好比一条正在参加比赛的龙舟，船上的每个人都是决定比赛胜负的关键力量。大家划船的劲能不能使到一处，能否与企业保持步调一致，将是企业能否稳步快速前进的关键。千舟竞发，只有团队合作最好的，才能赢得竞争的胜利。无论是龙舟比赛，还是企业竞争，任何组织想要取得胜利都离不开团队精神。

德国足球队是世界上最优秀的足球队之一，被誉为"日耳曼战车"，然而令人惊异的是，在这样一支传统的优秀球队里，却极少有个人技术超群的球星。和意大利、英国、巴西等国家的球队相比，德国的球员都显得平凡而默默无闻，有些德国国家队的球员竟然还不是职业运动员！

然而，这并不影响"日耳曼战车"的威力，他们频频在世界级的比赛中问鼎冠军，把意大利、巴西、英国、荷兰等足球强队撞翻，谁也不敢轻视"日耳曼战车"的威力，原因在哪里呢？一位世界著名的教练说："在所有的队伍当中，德国队是出错最少的，或者说，他们从来不会因为个人而出差错。从单个的球员看，德国队是脆弱的，可是他们 11 个人就好像是由一只大脑控制的，在足球场上，不是 11 个人在踢足球，而是一个巨人在踢，作为对手而言那是非常可怕的。"

全队拧成一股绳，发挥团队的最大力量——这就是德国队的秘诀！这也正是很多企业和组织能够形成强大竞争力的关键。世界华人成功学第一人——陈安之总结历代成功者的经验，得出的"永恒成功法则"是："胜利靠别人！成功靠团队！"

没有团队精神的企业是缺乏竞争力的，只有具备"团队精神"的企业，才会形成一种无形的向心力、凝聚力、战斗力和创造力。即便思想理念暂时落后、企业资金暂时紧缺，技术含量暂时过低，但是只要大家心往一处想，劲往一处使，有困难就可以靠集体的力量克服，没有的东西也会被创造出来，缺少的东西也会主动地去补上，这样的企业就会战无不胜，这样的企业就会显示出无穷的动力。

团队精神决定着一个企业的凝聚力和竞争力。每一个人都要主动加强与同事之间的合作，提高自己的团队合作精神。从老板到员工，各个层级的人应该是团结一致的，只有这样，这个企业的团队精神才最强，才最具有核心竞争力。因此，管理者要使每一个人都融到团队中去，而不是单打独斗。

经常用旁观者的眼光审视管理

【德鲁克语录】

站在舞台侧面的旁观者，总是能够看到别人不注意的地方，旁观者的观察模式并非像平面镜般的反射，而是一种三棱镜似的折射。

【活学活用】

德鲁克说：旁观者没有自己的历史。他们虽然也在舞台上，却毫无戏份，甚至于连观众都算不上。戏剧的好坏取决于观众的评价，而旁观者的反应除了自己以外不对其他任何事物起作用。但站在舞台侧面观看的旁观者，有如坐镇在剧院中的消防人员，能注意到演员或观众看不到的地方。

入戏太深，容易以假当真。以不同于演员和观众的视角去看问题，才能超越舞台上的悲欢离合。旁观者介于出戏和入戏之间，因为摒弃自己内心的偏见和执着，所以能更准确地把握自己和世界。

冯景禧是 20 世纪 80 年代香港十大富翁之一。有一天，冯景禧到巷口转角的面店去吃面。那家面店很干净，看起来很舒服，于是冯景禧叫了一碗阳春面就坐下来吃，这时邻桌的客人吃完面去付账，他吃的是排骨面，付款 80 元。他出门时，老板和店员站在两边，恭恭敬敬地说："谢谢光临，欢迎您再来。"

冯景禧想，这家店对顾客很热情。可冯景禧吃完面后，付了 7 元钱的账出门时，却没人理会他。冯景禧心里愤愤不平：难道只有吃排骨面的人值得尊敬，吃阳春面的人就不值得尊敬吗？决定以后再也不光顾这家面店了，同时也决心在他的店里一定要平等地对待每一位顾客。

有一天，一位乞丐专程来冯景禧的店买一块豆馅馒头，服务员都看不起那个乞丐，而且也感到很为难：豆馅馒头在店里都是按包出售，从来没有卖过一块，面对这位特殊的客人，大家一时不知道怎么做才好。

恰好此时冯景禧正在店中，了解情况之后，他亲自拿了一大块，包好之后，郑重地交给了乞丐，并在收钱之后恭恭敬敬地说："谢谢您的惠顾。"

乞丐走后，店员们好奇地问冯景禧："冯老板，以前不论是什么顾客光顾，都由我们招呼。从来没见您这样恭恭敬敬地对待顾客，而且这个顾客还是一个乞丐，这是什么原因呢？"

冯景禧回答说："你们应该记住，这就是做生意的原则。店里的常客当然应该好好地接待，但对刚才的乞丐，更应该好好地接待。"

"为什么？"

"平常的那些顾客，都是有钱、有身份的人。他们光临我们店，我们应该欢迎，这并不稀罕。而刚才这位乞丐，为了尝一尝我们做的豆馅馒头，掏出了身上仅有的一点钱。这可是千载难逢的机会，也许他吃完了这块豆馅馒头之后，再也没钱来光顾我们这个店了。这种倾其所有才能买下一块豆馅馒头的人，当然应当由我亲自卖给他。我也希望大家今后遇到这种事，能够好好地想一想再做。"

顾客购买你的产品，就是对你的信任，就应该得到重视。为顾客着想，才能赢得更长久。冯景禧从顾客这个旁观者的角度来揣摩顾客的心理，尊重任何一名顾客，获得了顾客的信赖，同时也给了自己可持续发展的机会。不识庐山真面目，只缘身在此山中。企业发展不能太自我，适当的时候，还是应该跳出本企业的视角，从一个旁观者的角度来审视一下自己的企业、自己的管理。

业绩是任何人参与工作的首要要求

【德鲁克语录】

业绩是管理者取得成就的首要要求。

【活学活用】

德鲁克认为，业绩出众是优秀员工的共性。优秀的员工无论从事什么工作，都不会轻率疏忽、满足现状。相反，他会在工作中以最高的标准要求自己，无论是多么困难的工作，他们都力求最好。

有个刚进公司的年轻人自认为专业能力很强，对待工作很随便。有一天，他的老板直接交给他一项任务，为一家知名企业做一份广告策划方案。半个月后，他拿着这个方案走进了老板的办公室，恭恭敬敬地放在老板的桌子上。谁知老板看都没有看一眼，只说了一句话："这是你能做得最好的方案吗？"年轻人一怔，没敢回答。老板轻轻地把方案推了回去。年轻人只好拿起方案，走回自己的办公室。

这个年轻人好胜心很强，回到办公室后就查阅了大量资料，对那家公司做了详尽的了解。又经过一周的认真修改，他把方案交给老板。老板还是那句话："这是你能做得最好的方案吗？"年轻人心中依然是忐忑不安，不敢给予肯定的答复。于是老板还是让他拿回去修改。

　　再次从老板办公室拿回方案后，年轻人下定决心，他一定要做出最好的方案交给老板。于是去了那家知名企业，和他们的工人一起吃住，了解他们的产品，和公司的高级领导沟通，了解他们想要的东西。最后，年轻人回到自己的公司，信心百倍地把新方案放在老板面前，并对老板说："这是我认为最好的方案。"老板微笑着说："好，这个方案批准通过了。"

　　有了这次经历，年轻人明白了一个道理：要做就做最好，这样才能符合标准。这以后，在工作中他经常自问："这是我能做得最好的方案吗？"然后再不断学习，进行改善，不久他成为公司不可缺少的一员，老板对他的工作非常满意。现在他已经成了部门主管，他领导的团队业绩一直很优异。

　　只有力求最好才能做到最好，才能收获最为出色的业绩。业绩是员工的命脉，老板最看重的是业绩。不管地位如何，长相如何，学历如何，只要你能创造业绩，你都能得到器重，得到晋升的机会。

　　曹娟在一家服装公司做销售工作。公司为了应对金融危机，准备通过裁员来达到压缩成本的目的。所有员工都面临着被裁的危险，人人自危。面对这种情况，曹娟却镇定自若，似乎没有太在意。最后的结果是销售部人员走了一半，副主管也被辞退了，而曹娟升任了此职。

　　原来，曹娟在平常的工作中，就十分注意整理所有客户的资料，又利用业余时间学习编程，为公司建立了一个庞大的数据库。这个数据库的建立为销售渠道的正规化提供了科学的依据，大大地提高了工作效率。早在一个月前，曹娟就向主管递交了这个数据库，得到了认可，因此她获得了升职。

　　业绩是员工获得提升的通行证。如果你不能取得出色的业绩，追求卓越和成为卓越的员工就只会是空谈和幻想。出色的业绩能让人的职场命运之船走得平稳畅通，不断收获职场和人生的成就感。

在团队中鼓励大家表现自己最出色的一面

【德鲁克语录】

你只能凭借自己的努力来建立自己的表现记录，这是增进别人对你的信任、获得别人支持的唯一途径。

【活学活用】

在企业里，我们常常听到这样的声音："我没有机会，老板不重视我。"老板重视你的前提，应该是你用才能去引起老板的重视，如果你做到了最好，老板会不重视你吗？德鲁克认为，在组织内部，每个人都要对自己的表现负责。每个人只能凭借自己的表现来获得别人的信任和老板的重视。

一家外贸公司的老板要到美国办事，且要在一个国际性的商务会议上发表演说。他身边的几名要员忙得头晕眼花，甲负责演讲稿的草拟，乙负责拟订一份与美国公司的谈判方案，丙负责后勤工作。

在老板出国的那天早晨，各部门主管都来送行，有人问甲："你负责的文件打印好了没有？"

甲睁着惺忪睡眼说道："今早只有4小时睡眠时间，我熬不住睡去了。反正我负责的文件是以英文撰写的，老板看不懂英文，在飞机上不可能复读一遍。待他上飞机后，我回公司去把文件打好，再以传真传去就可以了。"

谁知转眼之间，老板驾到。第一件事就问这位主管："你负责预备的那份文件和数据呢？"这位主管按他的想法回答了老板。老板闻言，脸色大变："怎么会这样？我已计划好利用在飞机上的时间，与同行的外籍顾问研究一下自己的报告和数据，别白白浪费坐飞机的时间呢！"

天！甲的脸色一片惨白。

到了美国后，老板与要员一同讨论了乙的谈判方案，整个方案既全面又有针对性，既包括了对方的背景调查，也包括了谈判中可能发生的问题以及解决策略，还包括如何选择谈判地点等很多细节性问题。乙的这份方案大大超过了老板和众人的期望，谁都没见到过这么完备而又有针对性的方案。后来的谈判虽然艰苦，但因为对各项问题都有细致的准备，所以这家公司最终在谈判中取得了主动权。

出差结束，回到国内后，乙得到了重用，而甲却受到了老板的冷落。

在德鲁克看来，每个员工的晋升机会都是一样的，只不过业绩出色的人抓住了机会，而平庸的人将机会轻易流失。老板想要提拔员工，他是需要理由的。这需要员工用出色的业绩来吸引老板的眼球，并使老板相信他的决策是正确的。因此，对于任何一名员工而言，表现出色是获得晋升的唯一途径。

要想获得成效，就要拒绝小错误

【德鲁克语录】

成效和才华无关，但和行为习惯密切相关。

【活学活用】

德鲁克认为，一个人能否取得成效，和是否拥有才华无关。我们没有理由认为平凡的人无法通过实践而学会技能。一个人也许无法成为大师，因为其中牵涉到天赋的成分，但要使工作卓有成效，只需要具备一般的能力。在德鲁克眼里，任何人只要有着良好的职业习惯，就能取得好业绩。同样，如果常常疏于细节，麻痹大意，即使是一群优秀的人在一起，也会酿成大错。

当巴西海顺远洋运输公司派出的救援船到达出事地点时，"环大西洋"号海轮已经消失了，21名船员不见了，海面上只有一个救生电台有节奏地发着求救的信号。救援人员看着平静的大海发呆，谁也想不明白在这个海况极好的地方到底发生了什么，从而导致这条最先进的船沉没。这时有人发现电台下面绑着一个密封的瓶子，打开瓶子，里面有一张纸条，21种笔迹，上面这样写着：

一水汤姆：3月21日，我在奥克兰港私自买了一个台灯，想给妻子写信时照明用。

二副瑟曼：我看见汤姆拿着台灯回船，说了句这小台灯底座轻，船晃时别让它倒下来，但没有干涉。

三副帕蒂：3月21日下午船离港，我发现救生筏施放器有问题，就将救生筏绑在架子上。

二水戴维斯：离岗检查时，发现水手区的闭门器损坏，用铁丝将门绑牢。

二管轮安特尔：我检查消防设施时，发现水手区的消火栓锈蚀，心想还有几天就到码头了，到时候再换。

船长麦特：起航时，工作繁忙，没有看甲板部和轮机部的安全检查报告。

机匠丹尼尔：3月23日上午理查德和苏勒的房间消防探头

连续报警。我和瓦尔特进去后，未发现火苗，判定探头误报警，拆掉交给惠特曼，要求换新的。

机匠瓦尔特：我就是瓦尔特。

大管轮惠特曼：我说正忙着，等一会儿拿给你们。

服务生斯科尼：3月23日13点到理查德房间找他，他不在，坐了一会儿，随手开了他的台灯。

大副克姆普：3月23日13点半，带苏勒和罗伯特进行安全巡视，没有进理查德和苏勒的房间，说了句"你们的房间自己进去看看"。

一水苏勒：我笑了笑，也没有进房间，跟在克姆普后面。

一水罗伯特：我也没有进房间，跟在苏勒后面。

机电长科恩：3月23日14点，我发现跳闸了，因为这是以前也出现过的现象，没多想。就将闸合上，没有查明原因。

三管轮马辛：感到空气不好，先打电话到厨房，证明没有问题后，又让机舱打开通风阀。

大厨史若：我接马辛电话时，开玩笑说，我们在这里有什么问题？你还不来帮我们做饭？然后问乌苏拉："我们这里都安全吗？"

二厨乌苏拉：我也感觉空气不好，但觉得我们这里很安全，就继续做饭。

机匠努波：我接到马辛电话后，打开通风阀。

管事戴思蒙：14点半，我召集所有不在岗位的人到厨房帮忙做饭，晚上会餐。

医生英里斯：我没有巡诊。

电工荷尔因：晚上我值班时跑进了餐厅。

最后是船长麦特写的话：19点半发现火灾时，汤姆和苏勒房间已经烧穿，一切糟糕透了，我们没有办法控制火情，而且火越烧越大，直到整条船上都是火。我们每个人都犯了一点错误，但酿成了人毁船亡的大错。

看完这张绝笔纸条，救援人员谁也没说话，海面上死一样的寂静，大家仿佛清晰地看到了整个事故的过程。

现实工作中的失败，常常不是因为"十恶不赦"的错误引起的，而恰恰是由那些一个个不足挂齿的"小错误"积累而成的。在精细化时代，工作中任何一点出了差错，都会事关大局。牵一发而动全身，因此，对于任何想要获得卓越工作业绩的人来说，获得成绩的起点不是做大事开始，而是从如何避免和拒绝小错误开始。

团队中每个人的努力其实是在为自己

【德鲁克语录】

你的首要责任是将自己的所有潜能都发挥出来，因为这都是为了你自己。

【活学活用】

德鲁克认为，一个人能够获得别人的信任和支持，其根本的决定权并不在上司或老板手里，而在于自己身上。如果不能将自己的潜能充分发挥出来，实现出色的业绩表现，就不可能获得别人的重视。

美国钢铁大王卡内基说，"为我工作的人，要具备成为合伙人的能力。如果他不具备这个条件，不能把工作当成自己的事业，我是不会考虑给这样的人机会。"工作就是为自己，把公司当作自己的产业，把公司的事情当作是自己的事情，以老板的心态进行工作，能够让你拥有更大的发展空间。

　　于强在一家电器公司担任市场总监，他原本是公司的生产工人，1992年公司招聘营销人员时，他自告奋勇申请加入营销行列，并且通过了各项测试，经理便同意了。

　　那时，公司的规模不大，只有30多人，有许多市场等待开发，而公司又没有足够的财力和人力，每个市场只能派去一个人，于强被派往西部的一个市场。于强在那个城市里举目无亲，吃住都成问题，但他相信这是在为自己工作，他一定能有收获的那一天。

　　没有钱坐车，他就步行去拜访客户，向客户介绍公司的电器产品。为了等待约好见面的客户，他常常顾不上吃饭，因此落下了胃病。他租了一间闲置的车库居住，由于屋内没有电灯，晚上只要卷帘门一关，屋子里就看不见一丝光线，倒是老鼠们在那里载歌载舞。

　　那个城市的气候不好，春天沙尘暴频繁，夏天时常下雨，冬天则经常下冰雹，对于一个物资匮乏的推销员，这简直就是一个巨大的考验。有一次，于强差点被冰雹击晕。公司提供的条件太差，远不如于强想象的那样。有一段时间，公司连产品宣传资料都供应不上，好在于强写得一手好字，自己花钱买来复写纸，用手写宣传资料。

　　在这样艰苦的条件下，人不动摇几乎是不可能的，但每次动摇时，于强都会对自己说："我是在为自己工作，为了自己和家人一定要坚持下去。"一年后，派往各地的营销人员都回到公司，其中有很多人早已不堪忍受工作的艰辛而离职了，在剩下的这些营销人员中，于强的业绩是最好的。于强也凭自己过硬的业绩当上了公司的市场总监。

　　自己的人生自己策划，自己的命运自己把握。只要自己认为有意义的工作，就不必介意别人的说法。命运就在自己手中，把握命运，做个自动自发、勤奋出色的人，绝不要因挫折而放弃。

　　人生来就是为了工作，工作占据了我们生命中的大部分时间。工作是人生运转自如的轴承，影响着人的一生。假如我们在工作岗位上得不到尊严与快乐，那么我们的人生只能是暗淡无光、毫无生机。假如工作没有尊严与意义，我们的人生又怎能幸福快乐？

或许人生的未来到处充满荆棘、坎坷。当面对困难挫折时，要敢于面对挑战。如果像木头一样毫无知觉，或像鸡蛋一样一碰就碎，那么我们的生命将毫无光辉，更得不到别人的尊重。

只有认真工作才是真正的聪明。因为认真工作是提高自己能力的最佳方法。美国零售业大王杰西·彭尼说过："一个人要想有所成就，最明智的办法就是选择一件即使报酬不多也愿意做下去的工作。"暂时的放弃是为了未来更好地获得。因为你在为公司工作的同时，也是在为自己的未来工作。

工作是为自己，不在乎别人的说法，积极工作，从工作中获取快乐与尊严，这就是一个非常有意义的工作，也能实现人生价值。这样，我们的人生会更辉煌，生命会更有价值。

Part 4

德鲁克说
领导就要做领导的事

　　管理者就是一个指挥家。管理一词有着极其丰富的内涵：不仅要对员工的心理进行梳理，能让员工始终得到激励和愉悦；还要对员工从事的工作进行梳理，能让员工发挥最大优势；更要做好协调工作，让大家劲儿往一处使，心往一处想。

领导者的魅力来自于他的能力和品格

【德鲁克语录】

一个人是不是经理,取决于他看问题的眼界和道德责任感。

【活学活用】

德鲁克认为,领导者要具备两种要素:出色的能力和强烈的道德责任感。有能力的人很多,但能够成长为优秀管理者的人屈指可数。如果缺乏优秀的品格和不俗的个性魅力,领导者的能力即便再出色,人们对他的印象也会大打折扣,他的威信和影响力也会受到负面影响。领袖魅力源自于工作能力和个人品格。

盖茨与公司其他的早期领导一直都很注意提升技术过硬的员工担任经理职务。这一政策的结果也使微软获得了比其他众多软件公司别具一格的优越性——微软的管理者既是本行业中技术的佼佼者,时刻把握本产业技术脉搏,同时又能把技术和商业相结合,形成了既懂技术又善经营的管理阶层。例如集团副总裁内森·梅尔沃德,他既有副总裁的头衔,又是第 15 级开发员。他是普林斯顿大学的物理学博士,师从诺贝尔物理学奖获得者斯蒂芬·霍金。

微软之所以选择技术骨干担任管理人员,是鼓励他们继续在技术领域发挥作用。选拔管理人员的标准就是他们的技术水平,这种政策使得你一旦被雇用为开发员后,就会逐级晋升,最好的开发员将最终成为最高级别的管理人员。微软公司认为技术管理人员应当具备超群的技术才能,否则在公司内将无法得到其他员工的尊敬。高超的技术优势足以使管理者树立在下属面前的技术优势。

有人问微软研究院的负责人雷斯特：要想管好研究院，必须雇来合适的领头人。那么具备什么样的素质才能担此重任呢？雷斯特说：第一，必须是一个好的研究员，要自己能够做很好的研究，而不仅仅是单纯的管理者；第二，要能够很好地启发和激励其他研究员，使他们达到自己不曾达到的研究境界；第三，要了解自己所要管理的研究领域的基本原理、概念和发展趋势，能够评估研究成果的优劣。

选择最有能力的人来做管理者，并不意味着微软忽视对候选人品格的考察。品格是领袖魅力的道德根基。如果品行不端，比尔盖茨也不会将其提拔到管理岗位上的。事实上，即便这样的人被提拔到管理岗位上，他也成不了真正意义上的领袖。著名华人企业家李嘉诚认为，想做一个团队的管理者相对容易得多，因为这可以依赖主要来自职位的权力以及能力来实现。但要胜任团队的领袖就困难得多，靠以上两者就不足够了，还要依赖人格的魅力和号召力。一个在道德上不过关的人是成不了领袖的。

德鲁克说，从职位和收入来判断是不是领袖是错误的。谁是领袖，是由他所作的贡献来决定的。也就是说，除了能力和品格，管理者还应该通过贡献来获得下属的服膺，从而实现管理上的高效。

注重企业的管理精神是卓越领导的基础

【德鲁克语录】

企业的日常运营都必须遵循严格的制度，包括采取的行为及应负的责任、高绩效、对个人及工作的尊重。这种管理精神能够为卓越领导奠定良好的基础。

【活学活用】

德鲁克曾说："一个不重视公司制度建设的管理者，不可能是一个好的管理者。"制度能够稳固并确立企业的管理精神。在企业的发展中，比资金、技术乃至人才更重要的东西，恰恰就是企业的精神文化。

美国哈佛大学的前身只是一个地方小学院。其发展壮大的秘诀，不管别人怎么看待，哈佛人却总是相信他们长期以来在管理上所坚定不移的信仰与毫不动摇的执行理念：法理第一，规则高于一切。

根据记载，当年有位牧师把他的一块地皮和250本书遗赠给了当地的一所学院——现在的哈佛大学。此后，哈佛大学一直把这250本书珍藏在图书馆内，并规定学生只能在馆内阅读，不能携出馆外。

1764年的一天深夜，一场大火烧毁了图书馆，所有书籍因此而化作灰烬。但此之前，一名学生碰巧把哈佛牧师捐赠的一册名为《基督教针对魔鬼、世俗与肉欲的战争》的书带出了图书馆。

第二天，图书馆遭遇大火的消息传开后，这位学生很快意识到，他从图书馆携出的那本书已是哈佛捐赠的250本书中唯一存世的一本了，当然，转眼间这本书也就成了世间价值连城的珍品。但经过一番思想斗争后，这位学生还是找到了当时的校长霍里厄克，并把书还给了学校。

这件事情的结果既是特殊的，也是意味深长的。校长收下了书，并对这位学生表示了最衷心的感谢，不过校长随后即下令将这位学生开除出校，理由是这名学生违反了校规。

这似乎有些不近情理，怎么能这样对待这位无私的学生呢？谁都知道，这本书是哈佛牧师所捐赠的书籍中唯一存世的一本，也是世间孤品，价值不可估量。然而哈佛有哈佛的理念，而且哈佛的理念不能有丝毫偏离：法理第一，规则高于一切。

让校规看守哈佛的一切比道理看守哈佛更安全有效。换言之，让规则管理哈佛并且坚定不移、毫不动摇地执行之，这是他们永远的理念，是他们永远的行事态度，也正是他们永远的成功保障。哈佛规则的故事应该给我们许多启示。其中，最重要的一个启示就是：管理最本质的内涵是规则。

通用 CEO 韦尔奇当年力推"六西格玛管理"，张瑞敏发怒砸掉了不合格的冰箱，这其实都是在立规矩。规矩立起来了，大家就有了准则，有了行动的标杆。从更深的层次讲，企业之间的竞争实际上也是标准之争，谁能创立有效的标准，谁的企业就能随之长久和伟大。

再往前追溯，当年吴王阖闾有争霸的雄心，但是却没有实力，大将伍子胥为他请来了军事家孙武，于是吴王想要试试孙武的能力。孙武奉命操练嫔妃，他为操练立下规矩，不遵守操练规矩者杀无赦。吴王的爱妃态度散漫，完全不听从孙武的命令，结果孙武执法必严，果断地斩了吴王的两个爱妃。当吴王的爱妃被杀后，所有的规矩都被遵守起来，孙武本人成为一代兵圣，而吴王则得以成就了霸业。

优秀的管理者必定是一个规章制度的制定者。没有规矩不成方圆，企业的团队是人的组合，而每个人都有自己的思想和行为。但是在团队里，需要尽量避免个人的思想和行为对团队绩效的影响，要求整体步调一致，所以纪律的约束不能缺少。因此，管理者首要做的就是指定明确的纪律规范，为企业画出规矩方圆。

领导本身其实就是一种制度性的工作

【德鲁克语录】

领导就是一种工作。

【活学活用】

德鲁克认为，领导是一种被领导者主动授予的地位，并不是自我设定的一种职称。领导的实质就是要把企业各项资源所蕴含的力量都挖掘出来，整合各种资源为企业创造价值。

管理与人息息相关，这需要企业管理者设计出一套可以使所有员工公平参与的群体运行体制，这个体制能够使员工发挥所长，避其所短。管理的对象是人，管理的服务对象也是人，管理所达到的经济目标由人来创造。一个懂得充分尊重人的价值的企业必然能够兴旺发达，反之，必然会失败。

中石化海南炼油化工有限公司（以下简称海南炼化）被誉为中国石化 21 世纪的样板炼厂。它以最短的时间、最快的速度建成我国 20 世纪 90 年代以来第一个整体新建的环保型炼油厂。它以国内领先的炼油技术运营生产，成为国内单系列规模最大的炼油企业之一。不仅如此，海南炼化创造的奇迹更体现在它运行着一个与老企业截然不同的管理模式，管理体制上的创新构成海南炼化的最大亮点。

海南炼化以岗位论英雄，不唯学历和职称，在岗位面前人人平等。他们取消了干部编制，所有人来到这里都变成了员工，即使是做管理，也仅仅是分工的体现。从 2004 年 4 月 26 日奠基、9 月 16 日开始施工建设，到 2006 年 7 月底建成、9 月底全面投产，海南炼化创造了无数奇迹。被专家给予了设计方案最优化、建设周期最短、工程质量控制最好、开工组织最周密、安全环保最优良等诸多赞誉。

迪克·布朗在 1999 年 1 月当上了 IT 服务业的巨人——电子数据系统公司（EDS）的 CEO。而在他上任之前，公司庞大的规模和全球化经营使 EDS 陷入了繁杂的事务中，业务大幅萎缩，连续几年未能实现预期赢利。为了改变局面，布朗创立了群体运行机制，以保证业务的成功。

这个群体运行机制中最重要的一项是每月一次的"执行会议"——一个包括来自全球约 100 个 EDS 业务主管的电话会议。在会议中，每个单位的月成果和自年初的累积成果都要被讨论到，这样很快就可以知道谁做得好，谁需要帮助。到 1999 年年底，群体运行机制表现出效果，业绩由此直线上升。

德鲁克说，管理者就是一个指挥家。管理一词有着极其丰富的内涵：不仅要对员工的心理进行梳理，能让员工始终得到激励和愉悦；还要对员工从事的工作进行梳理，能让员工发挥最大优势；更要做好协调工作，让大家劲儿往一处使，心往一处想。有了这种认识，管理者的管理效能必能实现最大化。

领导的本质任务是确保完成组织使命

【德鲁克语录】

卓越成效的领导就是要明确组织的使命并完成这个使命。

【活学活用】

　　每一个伟大的管理者都有一个能说明其行动和决定的关于企业未来的明确想法，这个想法就是组织使命。明确企业的目的和使命，是成为优秀管理者以及促使企业不断发展壮大的必要条件之一。

　　只有明确地规定了企业的宗旨和使命，才可能树立明确而现实的企业目标。企业的宗旨和使命是确定战略、计划、工作安排的基础，也是设计管理职位特别是设计管理结构的出发点。

　　在声名显赫的商业领袖背后，总有关于企业使命的故事。1903 年亨利·福特（Henry Ford）创建福特汽车公司，1913 年福特汽车公司又开发出了世界上第一条流水线，这一创举使 T 型车一共达到了 1500 万辆，缔造了一个前所未有的世界纪录。

　　福特为此被尊为"为世界装上轮子"的人。1999 年，《财富》杂志将他评为"二十世纪商业巨人"，以表彰他和福特汽车公司对人类工业发展所作出的杰出贡献。福特成功的秘诀源于对企业宗旨的坚持：尽力了解人们内心的需求，用最好的材料，由最好的员工为大众制造人人都买得起的好车。

　　沃尔玛的创始人沃尔顿向员工始终灌输的经营观念是：要永远以"优于其他商家的服务质量"的理念来对待顾客。这种根深蒂固的利他主义使沃尔玛公司的管理严谨有素，成为令同行叹服的超强企业——这个企业总是能谈成最优惠的价格，能及时从远方调集货物，并保持了灵活变通、应对及时的优势。

　　当然，也许有人并不总是认同山姆·沃尔顿怀有利他主义目的，在他们看来，沃尔玛很可能比其他企业更注重谋求利益。外人的眼光无法改变山姆·沃尔顿和其员工们对顾客的服务之心。让顾客买到质优价廉的商品，这是沃尔玛的追求。正是对这个目标的不懈追求，换来了沃尔玛在全世界的成功。

这是企业使命带给企业的力量，这种力量足以促进企业不断获得进步。与企业管理层必须找到企业特定使命一脉相承的是，企业管理者必须使企业提高生产，并帮助员工获得工作成就感。员工只有不断获得工作成就感带来的激励，才能最大限度地保证企业高速发展和取得更大的成功。管理者不仅要看重生产类别的硬性指标，还要关注员工的精神世界。

著名企业家马云说过："赚钱只是企业家的一个技能，更多的是对自己、企业、对社会的责任感和使命感。"企业是社会的一分子，如果把实现特定使命和提升员工成就感看作企业内部事务的话，管理者在面向社会时，还要平衡企业与社会的关系，在赚取利润的同时要充分尽到相应的社会责任。

企业的经营利润固然养活了一群人，可是作为社会组织的一部分，企业在社会上还要承担一定的责任和义务。事实上，企业使命的最高境界与社会责任是一致的。世界上的大企业都有自己的社会使命和宗旨，例如，麦当劳体现的是食品、欢乐、朋友；沃尔玛提倡的"我是社区一分子"；国际著名的化学及制药公司默克集团是"挽救和改善人类生命"；迪士尼的宗旨是"带给人们欢乐"。

要善于激励部下并以他们为荣

【德鲁克语录】

卓有成效的领导者会鼓励和鞭策部下，并以他们为荣。

【活学活用】

德鲁克说，管理者要使人进步。管理者可以给人正确或错误的指导，可以把员工身上的潜力发挥出来或者扼杀掉。卓有成效的领导者会鼓励和鞭策部下，使员工的优势和潜力得到最大程度的发挥。

美国一家名为柯林斯的公司，专门生产通信、电子领域的高科技产品。创业初期，举步维艰，在产品研发过程中时常碰到久久不能解决的技术难题。有一次，公司的研发部门被一个技术问题整整困了两个星期。公司老板给技术研发部门如此训话：如果这样下去，公司的生存就会成大问题。

一天晚上，正当公司老板还在为找不到突破口大伤脑筋的时候，产品研发部的一位技术人员急急忙忙地闯进他的办公室，大声喊道："我找到解决办法了。"老板听完这位技术人员的阐述后，豁然开朗，立即决定给予这名员工嘉奖。

可是，嘉奖什么呢？他在办公室找了半天，只找到了午餐时剩下的一个苹果。他激动地、毕恭毕敬地把这个苹果送给了这名员工，真诚地说："您辛苦了，请休息一下！"尽管这个奖品极其平常，但这个员工却深受感动——他觉得自己的努力获得了足够尊重。

这个事情在公司内部传开后，所有的员工都备受鼓舞，工作积极性和主动性得到了彻底激发。由于不断推出科技含量更高的新产品，该公司成为当年美国最受行业关注的"后起之秀"企业之一。

通用公司前 CEO 杰克·韦尔奇曾说："我的经营理论是要让每个人都能感觉到自己的贡献，这种贡献看得见，摸得着，还能数得清。"著名的思科公司非常重视用奖励机制来留下人才。在设置薪酬时，思科会进行全面市场调查，以此来确保员工的底薪不会因低于行业标准而影响员工的积极性。

调动员工更大积极性的是思科丰富多样的奖金。奖金设置大约分为三类：销售奖金（销售人员）、公司整体业绩奖金（非销售人员)、期权(全体员工)。此外,他们还有设有名为"CAP"的现金奖励,金额从 250~1000 美元不等。员工的贡献一旦被确认,他就可以及时拿到这笔现金奖励。

作为全球著名日化企业,宝洁公司的即时激励措施也非常完善,既有荣誉激励,如邀请员工参加各种决策、授予荣誉称号,进行书面、口头和大会表扬等;还有如提升工资,给予住房、股票等物质激励。

此外,公司还设立了一个 25% 的员工都可以获得的特殊奖励。在获得该奖项后,员工的上级经理就会根据员工的喜好给他奖励。例如喜欢看戏的员工会获得戏票,喜欢美食的员工会得到出去大吃一顿的机会。这项既充满个性又非常人性化的奖励,使员工的工作热情得到了最大程度的激励。

德鲁克认为,激励下属是管理者的必备能力和必须要做的工作。激励的本质是告诉下属:你的付出我看到了,并深感赞赏;对于下属而言,领导的激励势必会让员工产生一种被尊重的认同感。

要敢于担当责任并善于分享成功

【德鲁克语录】

卓有成效的领导者为部下所犯的错误主动承担责任。

【活学活用】

德鲁克认为,管理者一定要敢于担当责任。犯错和失职并不可怕,可怕的是否认和掩饰错误。勇于承担责任的管理者,会让员工觉得他是一位心胸坦荡、有责任心的人。因为责任而树立起的威信更能让员工信服，从而赢得员工的尊重和支持，否认和掩饰只会让管理者失去员工的信任。

戴尔公司的老板迈克·戴尔就是一位勇于承担责任、能主动承认错误的管理者。从 2001 年开始，戴尔公司就开始实行年度总评计划。每位戴尔的员工都可以向他的上级、部门经理甚至是戴尔本人提出意见，指出他们的错误所在。第一次员工总评过后，戴尔得到的评价是"过于冷淡"。对此，戴尔本人当着手下众多员工的面承认了自己的问题："我个人太腼腆，显得有些冷淡，让人觉得不可接近，这是我的失误。在这里我对大家作出承诺，今后，我会尽最大努力，改善与所有员工的关系。"

这件事情在后来被记者提及："戴尔先生，你不担心员工提出的关于你的意见是你根本不存在的吗？"他微笑着回答："戴尔公司最重要的一条准则是责任感。我们不需要过多的借口，只要拥有高度的责任感就行，在戴尔公司你绝对不会听到各类推诿之词。"他的公开表态在戴尔公司内部引起巨大的反响，员工们认为：老总这么勇于承担"莫须有"的责任，那么我们还有什么理由不向他学习呢？因而，"承担责任，不找借口"的风气迅速在戴尔公司内部形成，这也是戴尔公司拥有强大竞争力的原因之一。

在某公司的年会上，老板特别表扬了两组业绩较好的员工，并邀请他们的经理上台发言。没想到，两位经理的表现形成了极大的反差。第一位经理一上台就夸夸其谈地说起他的经营方法和管理哲学、不停向台下员工暗示自己为公司所作出的贡献，使得台下的老板及他的下属听了心里都很不舒服。与第一位经理不同，第二位经理说："我很庆幸自己有一班如此拼搏的员工！"最后还邀请员工上台来共同接受大家的掌声。这位经理的做法令员工感到受尊重，他们自发地承诺明年一定会更加努力。

香港首富李嘉诚认为，部下的错误就是领导者的错误。他为人宽厚，十分体谅部下的难处。多年的经商经验让他深知，经营企业并不简单，犯错是常有的事情。所以只要在工作上出现错误，李嘉诚就会带头检讨，把责任全部揽在自己身上，尽量不让部下陷于失败的阴影。他时常说："下属犯错误，领导者要承担主要责任，甚至是全部的责任，员工的错误就是公司的错误，也就是领导者的错误。"

管理者能否主动勇敢地承担错误的责任，关系到他的威望。主动承担责任的管理者，让人们看到了他的高风亮节与光明磊落，让上司更器重，让部属更敬佩，威望不仅丝毫无损，反而会大大提高。

要求严格的领导往往是最懂得用人的

【德鲁克语录】

真正要求严格的领导是懂得用人的领导。

【活学活用】

德鲁克认为，重视员工的长处，也就是要对员工的工作绩效提出严格的要求。真正要求严格的管理者总是一开始就能看清某人的长处，了解他什么事情应该做得很好，接着就会严格地要求他去把事情做好。要求严格的领导往往是最懂得用人的领导，这样的领导最容易培养卓越人才。

联想集团创始人柳传志就把培养下属当成自己的三大任务之一。在新生代职业经理人中，包括杨元庆、郭为、朱立南等人在内的联想 CEO 团队久享盛誉。可以说，联想老一辈为了培养这些年轻经理人费尽了心力。尤其是柳传志，他在爱护这些精英人才的同时，并以严格的要求来开发他们的潜能。

1991 年，杨元庆担任联想 CAD 部门总经理。CAD 部门的主要业务是代理惠普公司的产品。在柳传志眼里，杨元庆的潜力很大，就不断地给他施加压力。为了完成任务，杨元庆竭尽所能。从 1991 年到 1993 年，CAD 部门的销售额迅速增长，从 5000 万元到 1.1 亿元人民币，再从 1.1 亿元到 1.8 亿元。与此同时，杨元庆的管理才能不断得到提升。

1994 年 3 月 19 日，香港联想上市后一个月，30 岁的杨元庆被任命为电脑事业部总经理。在很短的时间之内，杨元庆重组电脑事业部，电脑的销量大幅度提升。柳传志对于杨元庆的表现基本上满意，但他认为在推行改革的策略和手段方面，杨元庆还是显得有些"急躁"，缺乏"全局观"。柳传志曾严格告诫杨元庆："要有理想，但是不要理想化！"但杨元庆置若罔闻，柳传志决定开导开导他。

有一天，当杨元庆为一个上海的项目又和公司大多数同事发生争论时，柳传志抓住这个机会，当着公司的许多高层和杨元庆的一些下属的面，将他劈头盖脸地臭骂了一通。在场的所有人都愣住了，大家跟随柳传志这么多年，他们还从未见过柳传志发过如此大的火。杨元庆很快就明白了柳传志对自己的良苦用心，逐渐学会了妥协，学会了做事要有全局观，学会了如何运用策略而不是蛮干。

从此之后，杨元庆对柳传志说过的话一定会好好琢磨，细细推敲。要求越严格意味着期望越大。柳传志在敲打杨元庆的同时，也尽自己的所能为杨元庆掌管整个公司扫清障碍。柳传志在杨元庆身上的努力获得了丰厚的回报：1996 年财年结束的时候，联想电脑的销售额第一次登上国内市场的第一名，联想电脑在杨元庆的带领下开始在个人计算机世界市场上崭露头角。

严格的要求是下属快速成长的推动力。德鲁克认为，了解下属的长处是严格要求的前提。因此，管理者要知人善任，在了解员工长处的基础上，不断为下属搭建适合其发挥潜能、表现才干的舞台，为他们创造一个适宜的环境和空间，这样才能够做到人尽其才，赢得下属的拥戴和尊重。

领导者的严格要求要重于爱护和帮助

【德鲁克语录】

卓有成效的管理者会对自己和下级都要求高质量地进行工作。

【活学活用】

德鲁克认为，管理者单单强调爱护员工、帮助员工、同员工搞好关系，是远远不够的。这些因素并不是于管理者培养人的必备因素。在每一个成功的组织中总有那么一位管理者，他看上去并不怎么爱护员工，也不同员工处好关系，他总是很冷酷、不讨人喜欢、对人要求高，但他常常比其他任何人都培养出更多的人。最终，他比那最爱护员工的管理者赢得了更多的敬重。

柳传志有一句名言："折腾是检验人才的唯一标准。"在他的手下有很多优秀的人才，他们都经历过柳传志反复的折磨，最终脱颖而出。柳传志说，人才都有必要经过一番甚至几番折腾，每一次折腾的过程就是一次能力提升的过程。在联想，有许多优秀的经理人都是"折腾"出来的。

郭为就是被"折腾"的典型代表。郭为也是在 1988 年进入联想集团工作的，他是联想第一位有工商管理硕士学位的员工。

有如此高学历的郭为先是给柳传志做秘书，用他自己后来的话讲，他的工作经历是从给老板开车门、拎皮箱学起。后来他离开秘书岗位，到只有五个人的公关部做经理。一年后他又被柳传志分配去做集团办公室的主任经理。

在以后的五年里，他做过业务部门的总经理、企业部的总经理，负责过财务部门的工作。1994年，柳传志又把他派到广东惠州联想集团新建的生产基地，让他去学习盖厂房。然后又让他去香港联想负责投资事务。郭为在联想集团工作的前八年，经历的岗位变动近十次，每一次都是不同类型的业务内容，在这期间他也有过失误，也曾经在全体员工大会上做检查。

像郭为这样老是换新岗位、换工作的人才培养方法叫"缝鞋垫"与"做西服"。"缝鞋垫"与"做西服"是什么意思呢？柳传志认为，培养一个战略型人才与培养一个优秀的裁缝有相同的道理。不能一开始就给他一块上等毛料去做西服，而是应该让他从缝鞋垫做起。鞋垫做好了再做短裤，然后再做一般的裤子、衬衣，最后才是做西服。不能拔苗助长操之过急，要一个一个台阶爬上去。

从1990年开始一直到1993年，联想每年都会在人事安排上有一次变动。这种变动的核心内容是把一个又一个年轻人推上经理、总经理的岗位，有降职，有平级调动，有提升。年年都要大折腾一次。联想集团就是用这种方法考察、调整人员，直到把一个又一个才华横溢的年轻人调到合适的位置为止。

折腾意味着高要求。优秀的管理者在看重一个人是否有更大潜力的时候，往往会施与重压。这种重压一方面是器重和培养的需要，另一方面也是在观察，如果被考察的人能够承受住重压，这个人就有培养价值和赋予重要职责的潜力。德鲁克认为，卓有成效的管理者对自己和下级都要求高质量地进行工作。管理者如果无法做到严格要求，即使他很乐于爱护和帮助员工，他也是最不适合做管理者的人。

领导者要充分发挥全体员工的主观能动性

【德鲁克语录】

管理的方式并不是指挥，而是指导。

【实倒与活用】

在军队里，多用"指挥"一词，这是因为军队的行动只需要服从上级的命令，而不主张自我创造。德鲁克在提出"管理是指导而非指挥"时，设定了一个极为重要的前提：企业是一种知识型组织。知识型组织的最大特点是创新和创造，这对员工的主观能动性依赖很大。现代社会，任何企业都属于知识型企业，任何管理者都应该学会如何指导而不是指挥。

索尼的老板盛田昭夫是一个懂得"指导艺术"的人，同样，被他提拔的井深大也是这样的人。他们二人创造了索尼的辉煌。

在井深大刚进索尼公司时，索尼还是一个小企业，总共才二十多个员工。老板盛田昭夫信心百倍地对他说"你是一名难得的电子技术专家，你是我们的领袖。好钢用在刀刃上，我把你安排在最重要的岗位上——由你来全权负责新产品的研发工作，对于你的任何工作我都不会干涉。我只希望你能发挥带头作用，充分地调动全体人员的积极性。你成功了，企业就成功了！"这让井深大感受到了巨大压力。尽管深井大对自己的能力充满信心，但还是有些犹豫地说："我还很不成熟，虽然我很愿意担此重任，但实在怕有负重托呀！"盛田昭夫对他很有信心，坚定地说："新的领域对每个人都是陌生的，关键在于你要和大家联起手来，这才是你的强势所在！众人的智慧合起来，还能有什么困难不能战胜呢？"

井深大兴奋地说道："对呀，我怎么光想自己，不是还有 20 多名富有经验的员工嘛！为什么不虚心向他们求教，和他们一起奋斗呢？"于是，井深大马上信心满满地投入工作中。就像盛田昭夫放权给他一样，他把各个事务的处置权下放给各个部门，比如他让市场部全权负责产品调研工作。市场部的同事告诉井深大："磁带录音机之所以不好销，一是太笨重，每台大约 45 千克；二是价钱太贵，每台售价 16 万日元，一般人很难接受。"他们给井深大的建议是：公司应该研发出重量较轻、价格低廉的录音机。

井深大让信息部全权负责调研竞争对手的产品信息。信息部的人告诉他："目前美国已采用晶体管生产技术，不但大大降低了成本，而且非常轻便。我们建议您在这方面多做一些研究。"在研制产品的过程中，井深大和生产第一线的工人团结协作，终于合作攻克了一道道难关，于 1954 年试制成功了日本最早的晶体管收音机，并成功地将其推向市场。索尼公司凭借这个产品，傲视群雄，进入了一个引爆企业发展速度的新纪元。

井深大取得了伟大的成就，成了索尼公司历史上无可替代的优秀人物。在这个事例中，我们应该注意到最为重要的两个环节：盛田昭夫授权给井深大，井深大放权给其他部门。在充分授权下，索尼公司发挥出了团队的整体作用，调动了每一位员工的积极性，把团队的力量发挥到了极致，从而取得巨大成功。这就是"指导"的力量。

如果采用的是指挥呢？指挥是发号施令，员工没有主动权，只能被动地执行，一些有能力的员工被牢牢束缚，有劲儿使不出，最终会选择离开；留下来的那些员工只会请示，工作起来没有丝毫主动性；而领导呢，整日手机响个不停，不得不忙乱地安排布置。显然，这样的企业很难得到快速发展。

Part 5

德鲁克说

沟通是一门艺术

在沟通中，双方可以充分探讨彼此的需求、差异和共同点，一起寻求对策。把对方当作伙伴，而不是对手。如果能够达成共识，就会加强彼此的关系。当双方都赢的时候，每个人都会从这种结果中受益。

领导者要时刻注意自己的一言一行

【德鲁克语录】

上司的一言一行在部下眼里都是经过上司的计划和安排，并充满含义的。

【活学活用】

德鲁克认为，管理者的不当举止会对下属产生错误的指引。如何避免这种错误指引的发生？就需要管理者严于律己。严于律己是律人的前提，只有做到自我管理才能要求下属去执行。优秀管理者应该严格要求自己，起到为人表率的作用，用实际行动来影响和带动身边的人一道去努力工作。

日本松下公司的创立者松下幸之助就是一个严于律己的人，他几十年如一日地严格要求自己，一直到退休，天天坚持准时到公司上班，几乎做到分秒不差，连公司的门卫都把他当成标准时钟。有一次上班的时间到了，接他的专车却未按时到来，为了不迟到他只好改乘电车。谁知电车刚刚启动，接他上班的专车又来了，于是他又下电车改上专车。就这样，几经折腾，虽然紧赶慢赶，到公司时松下还是迟到了 10 分钟。尽管事出有因，松下仍然认为迟到是不对的，主动在当天的会议上向下属道歉。这一举动，震惊了全体员工，从此松下公司几乎不再有迟到现象。

松下本人严于律己的做法，为律人扫清了一切实施障碍。

这正是松下公司从小到大由弱变强的重要原因之一。作为一个企业管理者只有当你严格要求自己并为此而坚持不懈的时候，你才具备了承担企业领导职务的基本条件，你的下属才会像你一样严于律己，为实现高效管理打下良好的基础。

严于律己的典范在历史上并不鲜见。三国时的孔明先生就是一个严于律己的人。孔明首次率领军队攻打中原时，因任用马谡结果失街亭，导致兵败而归。回去以后，孔明写了一个自我处罚的文件，让蒋宛申奏后主刘禅，要求自贬丞相之职。

蒋宛回到成都，见到后主，刘禅打开书信一看，只见写道："臣以弱才，叨窃非据，亲秉旌钺，以厉三军。不能训章明法，临事而惧，至有街亭违命之阙，箕谷不戒之失。咎皆在臣，授任无方。臣明不知人，恤事多阇。《春秋》责帅，臣职是当。请自贬三等，以督厥咎。"

后主刘禅看完说道："胜负兵家常事，丞相何出此言？"这时侍中郎费依上奏说："治国者，要以奉法为重，不按法办事，怎么来管理人呢？现在丞相打了败仗，自己要求降职，正是按法办事。"后主听了费依的说法，颇为认同，于是下诏贬孔明为右将军，行丞相事，照旧总督军马。

孔明先生作为一个管理者、领导者和决策者，因为用人失误而要求处罚自己，即使当时孔明不认错，也没有人说什么，但他还是坚持上书请朝廷贬了自己的职位，追究自己犯下的过错，这正是孔明做人且作为管理者的光明磊落之处。在当时，他严格要求自己，严于律己的做法，不仅没削弱他军中的威信，反而更有效的鞭策和激励了满朝文武奋发向上的报国精神，加强了孔明对全军上下的影响力。

某企业家认为，如果想知道一家企业的员工整体素质如何，只需要了解其中的管理人员素质就可以知道他的员工的素质是怎么样。这话的确在理，每个管理者都是所有下属关注的焦点，也是员工积极效仿的榜样，管理者有什么样的行为、举动，都会直接影响到自己的员工。所以，假如你想让你的员工严格要求自己，你就必须先严格要求你自己。

善于倾听他人的谈话是沟通的关键

【德鲁克语录】

除非有人洗耳恭听，否则就不算沟通。

【活学活用】

德鲁克认为，沟通是管理过程中的一个重要环节。没有沟通就没有管理效能。在沟通中管理者不仅要积极表达和发问反馈，更要重视聆听的作用。没有有效的倾听，就难以实现有效的沟通。

乔·吉拉德被誉为当今世界最伟大的推销员。但他把成功归功于早年的一个教训。那时，他刚刚参加工作。一位客户来订购汽车，两人聊天很是投机，交易过程也相当顺利。

可是就在客户要掏钱付款时，吉拉德却和旁边的一位同事谈起昨天的篮球赛，吉拉德一边跟同事兴致勃勃地说笑，一边伸手去接车款，没想这位客户却说，他不买车了，掉头而走。

吉拉德苦思冥想了一天，也不明白这位客户为什么突然改变主意。

当天晚上，按照顾客留下的地址，乔·吉拉德找上门去求教。客户见他满脸真诚，就实话实说："你的失败是由于你不善倾听。在我准备签约时，我提到我的独生子即将上大学，还提到他的运动成绩和他将来的抱负。我是以他为荣的，但是你当时却没有任何反应，而且还转过头去和别人讲话！"

这个教训让乔·吉拉德铭记终生。事实上，能做到第一层次倾听的人占 60% 的左右，能够做到第二层次倾听的人只有 30%，做到第三层次倾听的人只剩 15%，达到第四层次水平上的倾听仅仅只有至多 5% 的人能做到。管理者在沟通过程中应该提高自身的倾听技巧，学会做一个优秀的倾听者，通过对员工或者他所说的内容表示感兴趣，才是高品质沟通的保证。

一个访谈节目的主持人，在一期节目上访问了一位小孩，主持人问："你长大了想当什么呀？"

这个孩子天真地回答："我的愿望是当一名优秀的飞机驾驶员！"

主持人接着问："如果有一天你开着飞机在海洋上飞行，这时候飞机的引擎熄灭了，你会怎么办？"

小朋友想了想："我先告诉飞机上的乘客系好安全带，然后我系上降落伞，先跳下去。"

顿时，现场的观众哄堂大笑，主持人却注视着孩子。看到孩子的泪水涌出来，这时主持人又问他："为什么要这么做？"这时孩子委屈地说："我要去拿燃料，我还要回来把飞机开到机场！"

这位主持的与众不同之处就是能够让孩子把话说完，并且在"现场观众嘲笑声中"仍保持着倾听者应具备的一份亲切、一份镇定、一份耐心。正因为如此，她的这期访谈节目令人印象极其深刻。

倾听是管理者必备的技能。倾听是一种主动行为，在听的过程中不但思维要跟进，还要在适当的时机提问，使沟通进一步深入。倾听的质量决定着沟通的质量。只有善于倾听，才能称得上善于沟通。

学会使用对方的语言来和对方沟通

【德鲁克语录】

当我们对木匠说话时，我们需要使用木匠的行话。

【活学活用】

德鲁克说，正如人不能听到一定频率以上的声音那样，人的知觉也不能感觉到超过其知觉范围的事物。当然，从物理上讲，他可以听到或看到，但不能接受，不能实现有效的信息交流。

因此，要想实现高品质沟通，就需要使用通俗的语言。托尔斯泰说："真正的艺术永远是十分朴素的，几乎可以用手触摸到似的。"演说语言要力求通俗化．口语化，如不考虑听者的接受能力，用那种文绉绉、酸溜溜的语言就既不亲切，又艰涩难懂，往往事与愿违，弄得不好，还会闹成笑话。

通过简化语言并使用与对方一致的言语方式可以提高理解效果。比如，医院的管理者在沟通时应尽量使用清晰易懂的词汇，对医务人员传递信息时所用的语言应和对办公室工作人员使用的不同。在所有的人都理解其意义的群体内的行话会使沟通十分便利，但在本群体之外使用行话则会造成沟通问题。因此管理者不仅需要简化语言，还要考虑到信息所指向的听众，尽量使用适用于对方的语言。

另外还要保持积极坦诚的沟通态度。开诚相见、坦率谈论的态度，能使双方备感亲切、自然，易于接受各自的观点和看法。

如果虚情假意、阳奉阴违，就会造成"话不投机半句多"的尴尬局面。所以，交谈中一定要注意，不要装腔作势、言不由衷，更不要在对方面前吹嘘自己或搬弄是非，这些都是有碍和谐谈话气氛的有害因素。

对于管理者而言，学会使用对方的语言，用对方熟悉的术语、习语和沟通方式进行沟通，极其有利于提升沟通的品质。"你必须以对方的语言来说话。如果你对双方都有所了解，才会沟通顺利。"德国著名剧作家瓦格纳说，"除了留心你的声音听起来如何，还要注意你所使用的字眼。如果你是个大量使用词语的人，要当心并非每一个人都听得懂，而且可能很多人会觉得枯燥无味——即使他们同意你所说的主题。"

使用对方的语言进行沟通，容易与对方取得共识。在银行工作的艾伯森先生曾说过这样的一件事："有个年轻的司机走进来要开个户头，我递给他几份表格让他填写，但他断然拒绝填写某些方面的资料。在我没有学习人际关系课程以前，我一定会告诉这个客户，假如他拒绝向银行提供一份完整的个人资料，我们是很难给他开户的。

"但今天早上，我突然想，我最好换一种能够改变他观点的沟通方式。于是我就对他说：'就像是你行驶在高速公路上，你要是不交过路费，将不会被放行。'听完这我的话，这位年轻人居然笑了，对我说：'看来我需要补上过路费。说完他就把资料补全了'。"

这就是使用对方语言的魅力。任何人都不愿孤立自己，当管理者用他所常用的语言进行沟通时，对方自然会感到亲切，感受到管理者的真诚，更愿意将管理者看成是替自己考虑的人，从而将胸怀敞开，使沟通进入畅通阶段。相反，如果管理者对着木匠说着泥工的话，也许一开口，就会遭到抵触性的白眼。

必须先了解对方期望听到什么

【德鲁克语录】

在进行沟通前，我们必须先了解对方期望听到什么。

【活学活用】

德鲁克说，只有了解了对方的期望，我们才能了解沟通是否能够达到收听者的期待，以及是否需要对他"当头棒喝"，而让他意识到"不能如其所愿"的事情正在发生。也就是说，通过了解对方的期待，使我们的沟通更有针对性。

1954年，周恩来总理出席日内瓦国际会议，为了向外国人宣传中国人爱好和平的凤愿，周总理决定为外国记者举行电影招待会，放映越剧艺术片《梁山伯与祝英台》。为此，工作人员专门准备了一份厚达16页的说明书。周总理看后批评说："不看对象，对牛弹琴。"后来周总理建议说："你只要在请柬上写一句话：请你欣赏一部彩色歌剧电影，中国的《罗密欧与朱丽叶》。"这一句话果然奏效，赢得了外国人的赞赏。

一次，孔子的学生仲由问："听到了，就去干吗？"孔子说："不能。"又一次，另一个学生冉求又问："听到了，就去干吗？"孔子说："干吧！"公西华在旁听了犯疑，就问孔子："两个人的问题相同，而你的回答却相反。我有点儿糊涂，故来请教。"孔子说："求也退，故进之；由也兼人，故退之。"（意思是，冉求平时做事好退缩，所以我给他壮胆；仲由好胜，胆大勇为，所以我劝阻他。）孔子教育学生因人而异，我们谈话也要根据不同人的性格特点而因人而异。

杰克·凯维是加利福尼亚州一家电气公司的一位科长，他一向知人善任，并且每当推行一件计划时，总是不遗余力地率先做榜样，将最困难的工作承揽在自己的身上，等到一切都上了轨道之后，他才将工作交给下属，自己则退身幕后。虽然，他这种处理事情的方法是很好的，但他太喜欢为他人做表率，所以常常让人觉得他似乎太强势了。

最近不知怎么搞的一向神采奕奕的凯维却显得无精打采。原来最近的经济极不景气，资金方面周转不灵，再加上预算又被削减，使得大家一直萎靡不振。凯维看这种情形若继续下去，后果一定不可收拾。于是他实施了一套新方案，并且鼓励员工："好好干吧！成功之后一定不会亏待你们的。"但没想到眼看就要达到目标，结果还是功亏一篑，也难怪他也会意志消沉了。

平日对凯维就极为照顾的经理看了这些情形后，便对他说："你最近看起来总是无精打采的，失败的挫折感我当然能够了解，但是我觉得你之所以会失败，乃是因为你只是一味地注意该如何实现目标，却忽略了人际关系这种软体的工程，如果你能多方考虑，并多为他人着想，这种问题一定能够迎刃而解。"

经理停顿了一下，又接着说："大丈夫要能屈能伸，才是一个好的管理人员。我觉得你就是进取心太急切了，又总喜欢为员工做表率，而完全不考虑他们的立场，认为他们一定能如你所愿地完成工作，结果倒给了员工极大的心理压力。大概也就是因为这个缘故，所以大家都说虽然你很能干，但你的部属却很难做。每个人当然都知道工作的重要性，所以你实在大可不必再给他们施加压力。你好好休息几天，让精神恢复过来，至于工作方面，我会帮助你的。"

经理在与杰克·凯维沟通之前，已经做过详细的调查，不仅清楚凯维消沉的原因，也知道了同事对他的评价。他判断，凯维此时最需要的一定是失败的原因和鼓励的话语。所以，他才说出上述话。这些话对于凯维来说确实很受用，在经理与他谈完话的第二天，他就信心百倍地开始工作了。

会打棒球的人都知道，当我们要接球时，应顺着球势慢慢后退，这样的话球劲便会减弱，与此相似，我们在说服他人的时候，如果能将接棒球的那一套运用过来，沟通就会变得极为容易。

管理者就要时常抽出时间和下属交谈

【德鲁克语录】

要想获得卓有成效的管理，管理者就要时常抽出时间和下属交谈。

【活学活用】

德鲁克认为，信息交流是双向的，管理者要向下属传递任务信息，下属要向管理者及时反馈有关任务执行情况的信息。定期抽出一定的时间和下属交谈，倾听下属的意见，能够使管理卓有成效。

倾听下属的意见，能够使决策更科学。有一个故事，美国西雅图的华盛顿大学准备修一座体育馆，消息传出来以后立即引起了教授们的反对，原来，校方选择的地址是华盛顿湖畔，体育馆的选址正好挡住了从教职工餐厅玻璃可以看到的美丽湖光。教授们对于这个选址方案联名上书表示反对。

和美国其他大学相比，华盛顿大学教授的工资并不高，之所以它能吸引那么多的人才，完全是因为教授们留恋西雅图的湖光山色。教授们说，如果美丽的湖光被挡住，将会使他们的工作积极性大幅度降低。最终，校方尊重了教授们的意见，取消了修建体育馆的计划。

鼓励下属发表不同意见，古已有之。三国时期，曹操为了统一北方，决定北上征服塞外的乌桓。这一举动的风险极大，所以许多将领纷纷劝阻，但曹操还是率军出击，将乌桓打败，基本完成了统一北方的大业。班师归来，曹操调查当初有哪些人不同意他北伐的计划。

那些提出反对意见的人认为要遭到曹操严惩了，一个个都十分害怕。不料，曹操却给了他们丰厚的赏赐。大家很奇怪：事实证明劝阻北伐是错误的，不仅不受惩罚，怎么反而会得到赏赐呢？

对此，曹操的解释是："北伐之事，当时确实十分冒险。虽然侥幸打胜了，是天意帮忙，但不可当作正常之举动。各位的劝阻，是出于万全之计，所以要奖赏，我希望大家以后更加敢于表达不同意见。"从那以后，将士们更加进言献策，尽心尽力地要为他效劳。

世界500强百安居的总公司以执行完善的沟通反馈制度而曾在英国当选"最佳雇主"。总部的各个部门每个月都会召开一次"草根会议"。会议上任何员工都可以提出问题和建议，公司高层领导会分别参加各个会议，面对面地了解员工的想法，公开对话。在下一次的"草根会议"上，公司高层会向员工通报问题或建议的解决进度，继续征求员工的反馈意见。

除此之外，百安居公司还通过其他渠道让员工反映问题。专门设立了一个对员工免费的24小时录音电话，叫作 Easy Talk。员工可以跟总裁或总经理反映任何问题。每天都会有人去接听并整理，然后汇报给高层，并定期给予回馈。另外员工还可以通过发送电子邮件和打电话的方式与公司高管进行对话。

倾听是管理者与员工有效沟通的基础。如今，上下级之间不再是单纯的说教与服从的关系。单方面的说教不是真正意义上的沟通。现代企业的管理的更加科学化、人性化，双向沟通显得尤为重要。所以，一个好的管理者要善于倾听不同的声音，不断地吸纳下属的合理意见和想法。

坚持听取员工提出来的不同的意见

【德鲁克语录】

管理者要时常询问下属：你有什么不同意见？

【活学活用】

德鲁克认为，有效的决策并不像课本里所说的那样来自于对真相的一致看法。恰恰相反，正确决策正是在不同意见的冲突与矛盾之中产生的，是认真考虑各方意见的一个综合性结果。

德鲁克说，美国历史上的每一位卓有成效的总统都有各自一套激发不同意见的办法，以帮助自己能做出有效的决策。华盛顿总统最讨厌他开的会议上有冲突，或者争论不休。然而，就连他这样一向推崇意见趋同的人在重要决策上，也会同时去征求汉密尔顿等的人意见，以使自己能听到不同的声音。

富兰克林·D·罗斯福是美国历史上最为出色的总统之一。他对听取不同意见的理解最为深刻。每当需要对重要事情作决策时，他会找来一位喜欢散布小道消息的助手，对他说："我想请你帮我研究一个问题，但请不要声张。"（其实，罗斯福

心里清楚，即使说了这句话，此消息也会立刻传遍华盛顿）

接着，他又找来几位从一开始就对此问题持不同意见的助手，向他们布置了同样的任务，并叫他们也绝对保密。这样一来，他便可以肯定，这些消息会在极短的时间内在利益相关者当中传遍。伴随而来的会有各种各样的声音。综合了各种意见后，他的决策就不会因过于主观而有所偏颇。

罗斯福的这一做法曾经受到内政部长的强烈指责。在这位部长的日记里，诸如"缺乏严谨的工作作风""过于轻率""视同儿戏"等指责总统的言辞到处可见。不过罗斯福心中明白，美国总统的首要使命不是行政管理，而是进行决策，正确地进行决策。而获得正确决策的最好办法就是将总统府比作是法院，通过各种意见的对抗和辩驳使真相凸显，使与决策相关的各种情况都能摆到桌面上来。

卓有成效的管理者善于听取不同意见。为什么要听取不同的意见？德鲁克给出三条理由：不同意见能够避免决策者被某种看法所左右；不同意见可为决策提供多种选择；不同意见有助于激发想象力。

德鲁克认为，管理者应从不同意见中吸取营养，帮助自己去识别那些错误或片面的看法，使自己作决策时有更加广泛的考虑和选择的空间，使正确意见得以转化为好的决策，从而使工作更加富有成效。

在与人沟通的过程中要有双赢思维

【德鲁克语录】

沟通如果符合对方的期望、价值及目标，它就会很有力量。

【活学活用】

德鲁克认为，沟通不仅考虑己方的利益同时也要顾及对方的利益和需要，双方各取所需各有所求，这就是沟通最理想的境界。但这只是一种理想的境界，沟通的过程受很多因素的影响，当人际互动陷入对峙甚至敌对时，就会导致出现离心力，就会造成一输一赢甚至是"双输"的局面。

要想取得双赢的沟通效果，首先要克服的心理障碍就是要知道分歧不可怕。分歧是关系重组的信号，并不意味着双方无法取得一致。沟通时，当意见、感受、观点遇到不同时，可以用诚恳的语气说："在这里我们有不同，让我们一起来想出我们大家都满意的方法。"或"让我们一起想出对双方都有利的方案。"

言辞上强调的是"我们"，而不是"你""我"的对立，不但没有任何贬抑的用意，反而只有诚意的邀请。这样不管对方有没有接受你的建议，你们的关系都将由对立走向缓和，为友好沟通创造良好条件。

发生分歧的时候就是需要了解的时候，当双方意见不统一时，你就该想想为什么会出现这种情况，在分歧中，必须先明确对方真正诉求的主题。到底是单纯寻求问题解决的可能性；或只是抒发个人的不满、牢骚、愤怒；或是纯为鸡毛蒜皮的小事，无理取闹；又或是一味玩个人游戏，借此以引起注意；或是对方陷于自我困惑与矛盾中。"分歧，就是了解的时候。"它是探索对方需求的时候，而不是自我表达的时候；是相互之间理清困扰及方向的时候。切勿落入对方情绪的旋涡里，跟着团团转。

克服了不怕分歧的心理障碍后，紧接着就要建立共赢的沟通理念。追求共赢，可以采用以下几个步骤：第一步是要了解双方的需要：某甲因口渴，想喝果汁，所以需要橘子；某乙想要用橘子皮做蛋糕。第二步是要找出彼此的共同点：在这个例子中，两个人需要同一个东西，却有不同的用途。第三步是要寻找是否有可行的合作办法：在某甲想喝果汁，而某乙想要橘子皮的情况下，答案是显而易见的，因为双方都可以从完整的橘子里各取所需，双赢的结果非常容易达到。第四步是联手合作。

在沟通中，双方可以充分探讨彼此的需求、差异和共同点，一起寻求对策。把对方当作伙伴，而不是对手。如果能够达成共识，就会加强彼此的关系。当双方都赢的时候，每个人都会从这种结果中受益。在德鲁克看来，满足对方需求的沟通才更会被珍惜。追求双赢可以让彼此的关系变得更和谐。

善于用自己的说服力来塑造影响力

【德鲁克语录】

管理者要有足够的时间来对不同意见者进行说服，或者作些小的让步以便获得他们的支持而又不影响决策的完整性。

【活学活用】

在传统的管理方式中，管理者常常是以命令的形式寻求合作。可是在这种命令之下，却总无法实现真正有效的合作。命令是以单方面的力量来推动，是运用权力手段去影响和改变别人，因此，易招致反抗，这是很自然的现象。在新时代的管理实践中，强调的更多的是非权力影响力的作用。

　　有一次，欧洲反法的神圣同盟兵犯法国，他们来势汹汹，锐不可当。法国军队与反法同盟迅速展开了一场激烈的防御战，拿破仑派手下两个屡建奇功的军团担任起艰巨的防御任务。哪想到，防御部队的士气低落，被敌兵打得落花流水，四处逃窜。拿破仑不言不语，背着双手审视着逃军。

　　很久，他终于怒声传令："集合！全体士兵统统集合！"垂头丧气的士兵们惴惴不安，小心翼翼地观察拿破仑的一举一动。拿破仑双手抱胸，在队伍面前踱来踱去，步子越来越急促，皮鞋叩打地面的声音越来越响亮，震得残兵败将们心惊肉跳。他们胆战心惊地等待训斥。

　　拿破仑充满悲伤、愤怒地开始对他们训话了："你们不应该动摇信心！你们不应该随随便便丢掉自己的阵地！你们知道，夺回那些阵地要流多少血啊！"

　　看着士兵们惭愧地低下头，拿破仑猛然回头命令道："参谋长阁下，请你在这两个军团的旗子上写下一句不吉利的话：他们不再属于法兰西军了。"这下，全场一片哗然。把祖国的利益和自己的荣誉看得高于一切的士兵们，自然明白这句话的分量。他们羞愧难当，甚至有人下跪号哭道："统帅，给我们一次机会吧！我们要立功赎罪，我们要雪耻啊！"

　　拿破仑见状，相信他的军队能以自己的英勇行为洗刷"污点"，他非常高兴，当众振臂高呼："对！早该这样了。这才是好士兵，才像拿破仑手下的勇士；这才是战无不胜的英雄！"从此以后，面对反法同盟的疯狂进攻，恶战一场接着一场，但是，这两个军团异常骁勇，多次重创敌军，立下赫赫功勋。

　　拿破仑三言两语就让两个军团的士兵重新树起了斗志，这就是影响力作用，他的言语影响了两个军队的士兵，让他们从萎靡不振到斗志高昂，甚至激发出了英勇杀敌的斗志。说服力强的人就可以改变他人的看法进而改变他人的行动，所以说服能力的大小直接关系到这个人的影响力，而这种影响力与权力是无关的。

在沟通中，欲使彼此之间相互了解，必须努力地借着诉说和倾听来认识对方、了解对方，并接受对方的想法，同时也要让对方来了解自己，从这一点来说，影响是相互的。有了这种说和听的努力之后，管理者的个人影响力将会得到增强。因此，管理者要想获得高品质的沟通，就要善于以出众的说服力来提升影响力，从而使合作是在沟通之下进行的，而不是仰仗命令以强权的方式推动。

正直是管理者缔结人际关系的基石

【德鲁克语录】

组织的建立不是依靠力量，而是依靠信任。

【活学活用】

荷兰的行政管理专家皮尔特·布鲁恩说，权威不是老板高于下属的权力，而是老板影响下属承认和接受那种权力的能力。言外之意，管理者必须获得下属的信任，否则将不能有效领导下属。

而产生信任的基础是管理者必须足够正直。德鲁克说：如果管理者缺乏正直的性格，那么无论他是多么有能力，都不会获得下属的尊重。正直原则要求管理者对下属要坚持一视同仁，不能厚此薄彼。

　　小沃森认为，一个企业的首脑几乎肩负着像一个政府首脑那样的责任，一名企业首脑可能犯的最严重的错误之一是对主管和员工应用双重标准。当小沃森最初对 IBM 实行分散经营时，他一厢情愿地假定 IBM 的所有经济部门都会自动执行同样严格的行为标准。经过几年的观察后，小沃森才意识到，一个总裁必须现场检查他的部下作出的决定。

　　有一次，在 IBM 公司的下面一个工厂，一些主管搞起了涉及美国储蓄公债的连锁信游戏。游戏内容是这样的：一个经理写信给其他另外五个经理，而这另外五个人中的每一个又继续给另外五个人写信，其中收到信的每个人都应该给寄信的那个人寄一笔钱，同时给更多的另外五个人写信，依此类推，不断循环。这个游戏的范围很快就越出了经理圈子，扩展到了员工之间。

　　最终的结果就是员工对加入这个游戏感到了很大的压力，无力向经理们支付那笔钱。但员工们不得不参加连锁活动，让主管们从中捞到好处。小沃森收到该工厂员工们写来的有关这种活动的投诉信后，把它交给了那个分部的责任人。小沃森以为分部责任人会慷慨激昂地说："我们必须开除几个为首的家伙，这件事包在我身上了！"哪知，他只是轻描淡写地说："这是错误的！"

　　结果是，小沃森无法说服这个分部负责人将任何一个主管开除。小沃森对其保护部下的做法表示钦佩，鉴于此，小沃森没有深究这件事，却将此事牢记在心头。几年以后，还是在那个部门，其中一个主管开除了一个低级员工，因为他偷了一些设计图纸，卖给了另一家公司。应该说开除他是没有错误的，只是这个主管的工作方法有些粗暴。

　　这个员工在他一生中有一件令他感到自豪的事情——他加入了美国陆军后备役部队，并在那里拥有少校军衔。该主管没有到这个员工的家里告诉他："你偷了图纸，公司将你解雇了！"

而是在他去兵营的一个星期后宣布了对他的惩罚。不知什么原因，军事当局也知晓了此事，于是那个员工在军队的职务也被解除。

这种耻辱使他气急败坏，在随后的几年里，他竭尽全力用尽一切办法与小沃森作对，把一腔怨愤倾泻到小沃森身上。他把画着小汤姆·沃森坐牢的图片寄给他所在选区的参议员和众议员以及最高法院的每一个法官。他死死咬住那次连锁信的事不放，因为他掌握资料，知道小沃森宽恕了直接责任者。许久以后，这个被解雇的员工才放弃此事。

这一事件的确使小沃森"吃一堑，长一智"。他明白了，维护正直原则对他和他的公司有多么重要。后来，只要管理人员违反正直准则，小沃森就毫无商量余地地将他开除。事实上，由于小沃森的雷厉风行和毫不留情，公司的日子反而更好过了，组织管理得到了加强，企业运行有条不紊。

某种程度而言，正直决定企业的发展方向，保证企业实现良性运转。正直是一种必须坚守的立场，是一种价值观。对于管理者而言，你越可靠，别人就对你越有信心；你越不可靠，人们对你越没信心，你就会越快地丧失影响别人的权力。正直是事业成功最必要的特质。有了正直，才会赢得追随。

管理者的人际关系往往能够创造生产力

【德鲁克语录】

管理者的人际关系能够创造生产力，这是对良好人际关系的唯一定义。

【活学活用】

德鲁克认为，好听的言辞、友好的感情并没有什么实际的意义，它们往往还会掩盖不友好的态度。衡量人际关系价值的重要指标是是否让工作变得更有成效。卓有成效的管理者总是会保持良好的人际关系。丰富的人脉资源可以让管理者比别人快速地获取有用的信息，进而转换成业务成交的机会。

柴田和子出生于日本东京，从东京"新宿高中"毕业后，进入"三洋商会株式会社"就职。后因结婚辞职回家做了四年家庭主妇。1970年，31岁的柴田和子进入日本著名保险公司——"第一生命株式会社"新宿分社，开始其充满传奇色彩的保险行销生涯，创造了一个又一个辉煌的保险行销业绩。

1988年，她创造了世界寿险销售第一的业绩，并因此而荣登吉尼斯世界纪录，此后逐年刷新纪录，至今无人打破。她的年度成绩能抵上八百多名日本同行的年度销售总和。虽然她从1995年起担任了日本保险协会会长，但业绩依然不衰，早已超过了世界上任何一个推销员。

柴田和子的成功就是人脉关系运用的成功。她是如何利用人脉资源进行销售的呢？

首先是以旧的人脉资源为起点。柴田和子高中一毕业就到"三洋商会"任职，直到结婚为止，其周边人脉资源后来给了她极大的帮助。最初的人脉资源完全是以"三洋商会"为基础，然后通过他们的介绍以及转介绍而来的。另外一个穿针引线的则是她的母校"新宿高中"。"新宿高中"是一所著名的重点高中，它培养了一大批优秀人才、社会中坚，其毕业生大多数都在社会上占有一定的地位，这些人也成为柴田和子极重要的人脉资源。

其次是要将主要精力投入到最有效的人力资源上。柴田和子之所以从老板下手，是因为那是最有效率的做法。由于老板是握有决定权的关键人物，只要使那个人说"Yes"，剩下的就只是事务性工作了。每个老板的背后都是一张庞大的人脉关系网，她总是通过一个老板认识更多的老板。

每个人的人际关系网络都是不同的，不同目标、不同的理想需要不同的人际关系网络去支持，人际关系网络没有最好的，只有最适合的。我们很难说谁是贵人，但任何人的发展都离不开贵人。

钢铁大王卡耐基颇有悟性，对人际关系尤加注意，17 岁时他幸运地遇上了当时宾夕法尼亚州铁路公司西部管区的主管，也是卡耐基后来多年商业伙伴的斯考特，从而被聘为电报员。

斯考特年长卡耐基 13 岁，二十几岁时就当上宾铁公司西部管区的主管，也算是少年得志，不过斯考特一生最大的成绩就是发现卡耐基是个可造之才并加以提携。凭此一项，足以令斯考特在工商企业史上留下浓重的一笔。卡耐基早期的商业活动大多都是与斯考特合作进行的，二者间亦师亦友的关系维持了 20 年之久。

年轻时代的卡耐基已表现出一些卓尔不群的素质，使斯考特确信此人将来在事业上必然大有作为。在斯考特的关照下，不出几年卡耐基就成为西区主管，收入也上升到每月 1500 美元，而此时斯考特已升任宾铁公司总裁。卡耐基又在斯考特的指导下开始涉足股票投资，不久就深谙资本市场的运作之道。卡耐基的眼光独到，又善于借力使力，因而在股票市场常有所斩获。

凭借在股票市场以及早期的一些实业投资中掘到的第一桶金，卡耐基辞去在宾州铁路的工作，买下一家炼铁厂，专心从事他认为有着良好发展前景的炼铁业。由炼铁起步而涉足采矿业、运输业，以及铁板、铁钉加工等关联产业，最后进军制钢业。不到 30 年的时间，卡耐基一步步构筑起了钢铁王国。显然，在这些辉煌成绩的背后，如果没有当初斯考特先生的提携，卡内基的成功不会来得这么快。

从卡耐基的经历就可以看出，成功不全是来自主观上的不懈的努力，更需要他人的帮助。如何才能遇到我们的贵人？这就需要在日常的工作和生活中，时刻维护和积累人脉资源。

Part 6

德鲁克说
会时间管理的人才能成功

我们都拥有足够的时间，只是要好好善加利用。一个人如果不能有效利用有限的时间，就会被时间俘虏，成为时间的弱者。一旦在时间面前成为弱者，他将永远是一个弱者。因为放弃时间的人，同样也会被时间放弃。

我们为什么一直在为昨日的任务而忙碌

【德鲁克语录】

管理者每天都需要耗费大量的时间去修改或放弃昨天的行动或决策。事实上，管理者可以减少这些不再产生成果的任务，以缩短浪费在这些事情上的时间。

【活学活用】

决策的最高境界是精准性、科学性，面对竞争激烈的年代，管理者要尽可能降低在决策实施过程中的不确定性因素。但是，不可避免的是，任何企业的管理者都曾碰到过决策失误或偏离的情况，这个时候，德鲁克给出的建议是放弃。也就是说，管理者尽可能减少为了修补错误而浪费属于今天或明天的时间。只有做到这一点，企业及管理者才有足够的时间投入到更有潜力的事情上去。

美国贝尔电话公司为什么能多年称霸市场？尽管电话系统是一项典型的公用事业，但在 20 世纪初到 20 年代中期，费尔担任该公司总裁的这二十多年时间里，贝尔电话成长为世界上最具规模、发展得最快、最大的私营企业。个中秘诀是什么？菲尔认为这归功于公司作出的"四大决策"。

第一大决策是要求贝尔公司满足社会大众的服务要求。美国的贝尔电话公司是家私营企业，要想保持它的自主经营而不被国家接管，必须预测和满足社会大众服务的需求，所以公司提出了一个"本公司以服务为目的"的口号。根据这一口号的精神，贝尔公司树立了一个全新的标准：衡量一个经理的工作成绩，应该是服务的程度，而不是盈利的程度。

第二大决策是实行"公众管制"。不能把一项全国性的电讯事业看成是一种传统的"自由企业"。公司领导者认为要想避免政府的接管，在管理上唯一的办法就是实行"公众管制"。所谓"公众管制"，就是坚持有效、诚实、服务的原则，这是符合公司利益而且事关公司生死存亡的关键所在。公司把这一目标交付给各地子公司总经理，使公司从高层领导到普通员工，都能朝着这一目标共同努力。

第三大决策是建立"贝尔研究所"。电讯事业的生存与发展，领先技术具有决定性意义。为此必须建立一个专门从事电讯技术研究的"贝尔研究所"。目的是为了摧毁"今天"，创造一个美好的"明天"。

第四大决策是发行股票开拓大众资金市场。贝尔设想发行了一种 AT&T（美国电话电报公司）股票，来开拓着眼于社会大众的资金市场，可以避免通货膨胀的威胁。正是得益于这项决策，贝尔公司长期以来始终保持着源源不断的资金来源。

四大决策确保了贝尔在通讯市场上持续领先。很多管理者一直不明白自己为什么一直在为昨日的任务而忙碌，其中的主要原因就是因为昨日的决策存在着失误，而今天只好通过修补行动来为失误埋单。显然，贝尔四项决策的出台，并不是公司的老板拍脑袋定下来的，而是通过集体的民主决议，最大限度地保证了决策的正确性，从而使公司的管理者每天都行走正确的道路上。

时间管理是所有管理者的一项基本技能

【德鲁克语录】

时间是最宝贵的资源，不懂时间管理，那就什么也无法管理。

【活学活用】

德鲁克认为，卓有成效的管理者非常注意管理自己的时间。因为时间是个人最重要也是最基础的资源。然而很多人并不认为浪费时间就是在增加成本。其实，关于时间的认识是最基本的，每个人的时间都是有限的且具有不可逆性。因此，管理者能做的只能是珍惜时间，并使之产生最大的效能。

在美国现代企业界，与人接洽生意能以最少时间产生最大效率的人，非金融大王摩根莫属。为了珍惜时间他招致了许多怨恨，但实际上人人都应该把摩根作为这一方面的典范，因为人人都应具有这种珍惜时间的意识。

摩根每天上午9点30分准时进入办公室，下午5点回家。有人对摩根的资本进行了计算后说，他每分钟的收入是20美元，但摩根认为不止这些。所以，除了与生意上有特别关系的人商谈外，他与人谈话绝不超过5分钟。

通常，摩根总是在一间很大的办公室里，与许多员工一起工作，他不是一个人待在房间里工作。摩根会随时指挥他手下的员工，按照他的计划去行事。如果你走进他那间大办公室，是很容易见到他的，但如果你没有重要的事情，他是绝对不会欢迎你的。

摩根能够准确地判断出一个人来洽谈的到底是什么事。当你对他说话时，所有转弯抹角的方法都会被摩根看穿，他能够立刻判断出你的真实意图。这种卓越的判断力使摩根节省了许多宝贵的时间。

某部门主管因患心脏病，遵照医生嘱咐每天只上班三四小时。他很。惊奇地发现，这三四个小时所做的事在质和量方面与以往每天花费八九个钟头所做的事几乎没有两样。他所能提供的唯一解释便是：他的工作时间既然被迫缩短，他只好做出最合理有效的时间安排。这或许是他得以维持工作效能与提高工作效率的主要原因。

由此可见，做好时间管理，合理利用自己的时间，是提高工作效率，提升工作价值的重要方法。歌德曾说："我们都拥有足够的时间，只是要好好善加利用。一个人如果不能有效利用有限的时间，就会被时间俘虏，成为时间的弱者。一旦在时间面前成为弱者，他将永远是一个弱者。因为放弃时间的人，同样也会被时间放弃。"成功学家卡耐基也说过，只有善于把握时间的人，才能走向成功。

管理者一定要避免做那些毫无成效的事情

【德鲁克语录】

管理者的大部分时间都是浪费在一些非做不可但毫无成效或成果有限的事情上。

【活学活用】

德鲁克说，管理者常常面临一些压力，迫使他把时间花到不产生任何价值的事情上面去。任何一个管理者，往往不得不在那些对组织不产生任何好处的事上花费很多时间。

卡尔森钢铁公司总裁查理·卡尔森，为自己和公司的低效率而忧虑，于是去找效率专家史蒂芬·柯维寻求帮助，希望他能够为他提供一套思维方法，告诉他如何在短短的时间里完成更多的工作。

史蒂芬·柯维说："好！我10分钟就可以教你一套至少提高效率50%的最佳方法。把你明天必须要做的最重要的工作记下来，按重要程度编上号码。最重要的排在首位，以此类推。早上一上班，马上从第一项工作做起，一直做到完成为止。然后用同样的方法对待第二项工作、第三项工作……直到你下班为止。

"即使你花了一整天的时间才完成了第一项工作，也没关系。只要它是最重要的工作，就坚持做下去。每一天都要这样做。在你对这种方法的价值深信不疑之后，叫你的公司的人也这样做。这套方法你愿意试多久就试多久，然后给我寄张支票，并填上你认为合适的数字。"

卡尔森认为这个思维方式很有用，不久就填了一张25000美元的支票给史蒂芬·柯维。卡尔森后来坚持使用史蒂芬教授教给他的那套方法，五年后，卡尔森钢铁公司从一个鲜为人知的小钢铁厂一跃成为最大的独立钢铁生产企业。卡尔森常对朋友说："我和整个团队坚持拣最重要的事情先做，我认为这是我的公司多年来最有价值的一笔投资！"

德鲁克认为，无意识地浪费时间是很多管理者的通病。在组织中的位置越高，管理者的这种倾向便越严重。对于管理者而言，如果想取得任何绩效，那他必须将精力集中到整个机构的工作成果和绩效目标上来。每个知识工作者，特别是管理者需要学会如何才能省出大块时间来。

卓有成效的管理者善于在行动前规划时间

【德鲁克语录】

懂得利用时间的管理者，可以经过规划而取得成果。

【活学活用】

一个成功者往往懂得计划时间。时间的价值非比寻常，它与我们的发展和成功关系非常密切。同样的工作时间、同样的工作量，为什么有时候我们总不能像别人那样在第一时间完成？计划时间，就是要制定目标，使自己明白自己是如何利用时间的。

1976年冬天，19岁的迈克尔在休斯敦大学主修计算机。他是一个音乐爱好者，同时也具有一副天生的好嗓子，对他来说，成为一个音乐家是他一生最大的目标。因此，只要有多余时间，他就把它用在音乐创作上。

不久，迈克尔又找了一个名叫凡内芮的年轻人来合作。凡内芮了解迈克尔对音乐的执着。然而，面对那遥远的音乐界及陌生的整个美国唱片市场，他们无计可施。

有一次闲聊，凡内芮突然从嘴里冒出了一句话："想象你五年后在做什么？"迈克尔还来不及回答，他又说："别急，你先仔细想想，完全想好，确定了再告诉我。"迈克尔想了想，开始说："第一，五年后，我希望自己能有一张唱片在市场上发行，而这张唱片很受大众欢迎；第二，五年后，我要能天天与一些世界一流的音乐家一起工作。"

凡内芮听完后说："好，既然你已经确定了，我们就把这个目标倒过来看。如果第五年，你有一张唱片在市场上，那么第四年，一定要跟一家唱片公司签约。那么第三年，一定要有一个完整的作品，可以拿给很多很多的唱片公司听，对不对？那么第二年，一定要有很棒的作品开始录音了。那么第一年，就一定要把你所有要准备录音的作品全部编曲，排练好。那么第六个月，就是要把那些没有完成的作品修饰好，然后让你自己可以一一筛选。那么第一个月，就是要把目前这几首曲子完工。那么第一个礼拜，就是要先列出一个清单，排出哪些曲子需要修改，哪些需要完工。"

凡内芮一口气说完，停顿了一下，然后接着说："你看，一个完整的计划已经有了，现在你所要做的，就是充分利用时间，并按照这个计划去认真地准备每一步，一项一项地去完成，这样到了第五年，你的目标就实现了。"说来也怪，恰好在第五年，迈克尔的唱片开始在北美畅销起来，他一天 24 小时几乎全部都忙着与一些顶尖的音乐高手在一起工作。

从这个故事可以看出，制定目标，给自己计划时间，有多么重要。很多管理者总是抱怨时间不够用，然而，他们是否想到，给自己的工作制订一个详尽的计划，并且不断地充分按照计划的要求去执行呢？与其把时间浪费在没有用的争吵、抱怨、牢骚中，还不如制订自己的计划，立即行动起来。卓有成效的管理者往往都是时间管理上的精明者，绝不是在不知不觉间浪费时间的糊涂人。

提高工作效能的第一步就是做时间记录

【德鲁克语录】

　　管理者提高工作效能的第一步就是将那些被实际运用的时间做记录。

【活学活用】

　　在德鲁克看来，卓有成效的管理者都有善于做时间记录，并对这些记录每月定期进行检查。每次检查完记录之后，他们就会发现自己又曾在一些无关紧要的琐事上浪费时间。其实这就是一种管理时间的练习，只有通过反复练习才能学会有效地使用时间，也只有不断地练习才能避免时间使用的偏离。

　　福特二世的书桌上总是放着一张记录重要事件的卡片，他把它作为管理系统的中心："每当我踌躇、犹豫的时候，我就会看着这张表，思考这件事情是否需要着手去办。"通常在福特二世的卡片上大约有20件事，包括电话、信件、传真，以及他口述的小段专栏文章。他说过：如果你用一个较为固定的记事本来记录你想做的事，那事情将永远搁置在那里。卡片能够时刻提醒他哪些事情还未办。

　　很多管理者还曾有这样的工作经验。每当分配工作给下属时，如果要求他们把所交代的事情记在工作计划表上；在随后的会议中，也应要求他们带计划表来开会，并以此作为推进报告的根据。那么，一般而言，团队的任何人都不会遗漏工作中的任何环节，并且知道哪些环节是异常重要的。

《菁华》杂志的主编苏珊·泰勒不但规划了自己的计划表，还给她的属下制作了日程表。在通常情况下，周末泰勒便躲到新英格兰的度假区去思考企业规划方案，读文章、报纸、杂志，理清头绪。当她星期一回到工作岗位后，总会带着重要人员的日程表，上面写有指派给每个人的工作。应该优先须知的事会有红色的记号，应该第一优先要做的事情则有两个记号。另外，完成工作所需的资料，例如名片或相关的信件等，都会附在日程表上。

有一位善于利用时间的经理则将部门的日程安排写在白板上，这样有利于随时根据事情的发展变化进行调整，改变事情的优先顺序，而且也让部属明白他如何看待一项企业计划方案的重要性。另外，还有一些人甚至会预估他们长期计划表上的每一个计划需要花多少时间完成，然后再利用周计划或月计划或年计划制定日计划。

《薪水阶级》月刊的主编黛博拉·沙蓝，她以归档方式规划每年、每月的时间安排。每月的前两周固定是写评论时间；在第三、四周则为其他活动时间，例如演讲，回复谢函，做公关联络并计划未来的时间。她总是预先计划未来一年的工作：几个月写本书、几个月开个研讨会，其余的两个月来安排尝试新奇的事物。沙蓝利用这种方式创作了数量惊人的作品，实现了充盈的人生。

做好时间记录，是为管理时间服务的。德鲁克说，要想进行卓有成效的时间管理，就需要找出自己的哪些活动是浪费时间、不产生效果的，并尽可能将这些活动从时间表上排除出去。把那些可以由别人来做的事情统统交给别人去做，将自己的时间完全集中于那些容易出经济成果的事情上。

管理者就要分清楚轻重缓急、要事为先

【德鲁克语录】

"这件事如果不做，会有什么后果？"如果答案是完全没有影响，那我们就不该再做这件事。

【活学活用】

德鲁克认为，立即删除毫无成果的工作，就需要管理者有要事为先的思维。管理者处理事情时要分清轻重缓急，重要的事情一定要摆在第一位来完成。唯有如此，才不会在工作中感到忙乱。最聪明的管理者是那些对无足轻重的事情无动于衷，对那些重要的事务无法无动于衷的人。

商业及电脑巨子罗斯·佩罗说："凡是优秀的、值得称道的东西，每时每刻都处在刀刃上，要不断努力才能保持刀刃的锋利。"罗斯认识到，人们确定了事情的重要性之后，不等于事情会自动办得好，你或许要花大力气才能把这些重要的事情做好。始终要把它们摆在第一位，你肯定要费很大的劲。

安德鲁·伯利蒂奥是利用时间的"楷模"，他从来不浪费一秒钟的时间，只要时间允许，他就一定会拼命工作。所有知道他的人都说："看，安德鲁·伯利蒂奥真是太会珍惜时间了！"人们都知道，为了能成为一名出色的建筑师，他拼命地想要抓住每一秒钟的时间。

每天，他把大量的时间用在设计和研究上。除此之外，他还负责很多方面的事务，每个人都知道他是个大忙人。他风尘仆仆地从一个地方赶到另一个地方，因为他太负责了，以至于不放心任何人，每一项工作都要自己亲自参与了才放心。时间长了，他自己也感觉到很累。

其实，在他的时间里，有很大一部分时间都浪费在管理乱七八糟的事情上。无形中，他增加了自己的工作量。

有人问他："为什么你的时间总是显得不够用呢？"他笑着说："因为我要管的事情太多了！"后来，一位教授见他整天忙得晕头转向，仍然没有取得令人骄傲的成绩，便语重心长地对他说："大可不必那样忙！"

"大可不必那样忙！"这句话给了安德鲁·伯利蒂奥很大的启发，就在他听到这句话的一瞬间，他醒悟了。他发现自己虽然整天都在忙，但所做的真正有价值的事实在是太少了！这样做对实现自己的目标不但没有帮助，反而限制了自己的发展。

随之，安德鲁除去了那些偏离主方向的任务，把时间用在更有价值的事情上。很快，他的一部传世之作《建筑学四书》问世了。该书至今仍被许多建筑师们奉为"圣经"。

做任何事情都要有计划性，要分清轻重缓急，然后全力以赴地行动，这样才能获得成功。很多管理者总是看重紧急事务而对关系重大的事务反应木然。只有学会对事情进行分类并排序，才能从众多工作中提出重点，以要事优先的原则来处理事务才能实现管理上的高效，促进整个企业的高效运转。

没有人会因为浪费时间而能够成功的

【德鲁克语录】

不管他的职位有多高，没有任何一个管理者能够因为浪费工作时间而引起别人的尊重。

【活学活用】

德鲁克认为，不管是出于时代变化的需要，还是企业变革的需要，管理者学会如何管理自己的时间已经变得越来越重要。时间资源极其容易流失，如果不能管好时间，任何管理者都将变得极其平庸。

美国著名作家杰克·伦敦的房间，有一种独一无二的装饰品，那就是窗帘上、柜橱上、衣架上、床头上、镜子上、墙上……四处贴满了各色各样的小纸条。他非常偏爱这些纸条，几乎和它们形影不离。这些小纸条上面写满各种各样的文字：有美妙的词汇，有生动的比喻……

睡觉前，他默念着贴在床头的小纸条；第二天一觉醒来，他一边穿衣，一边读着墙上的小纸条；刮脸时，镜子上的小纸条为他提供了方便；在踱步、休息时，他可以到处找到启发创作灵感的语汇和资料。外出的时候，他把小纸条装在衣袋里，随时都可以掏出来看一看，思考一下。

英国文学史上著名女作家艾米莉·勃朗特在年轻的时候，除了写作小说，还要承担全家繁重的家务劳动，如烤面包、做菜、洗衣服等。她在厨房劳动的时候，每次都随身携带铅笔和纸张，一有空隙，就立刻把脑子里涌现出来的想法写下来，然后再继续做饭。有时候我们也一边休息，一边工作，只要把工作的性质变动一下，就能轻易地做到这一点。

时间就是这样在我们眼前不经意地溜走，而且永不回头。有一个故事说，所罗门王有一天晚上做了一个梦。一位先贤在梦里告诉他涵盖了人类的所有智慧的一句话，让他高兴的时候不会忘乎所以，忧伤的时候能够自拔，始终保持勤勉，兢兢业业。但是，他醒来后却怎么也想不起那句话来。

于是他召来了最有智慧的几位老臣，拿出一颗大钻戒，向他们说了那个梦，要他们把那句话想出来。并说："如果想出那句话来，就把它镌刻在戒面上。我要把这颗戒指天天戴在手上。"一个星期后，几位老臣来送还钻戒。戒面上已刻上了一句简单的话："这也会过去。"

这个故事的主题就是时间。莎士比亚说："时间是无声的脚步，是不会因为我们有许多事情要处理而稍停片刻。"在时间面前，所有的荣辱得失都会变得黯然失色。没有任何一名管理者会因为浪费时间而获得卓越业绩。管理者应时刻为高效利用时间找到好方法，这样才能实现卓有成效的管理。

告诉别人：如果我在说废话，请立刻制止

【德鲁克语录】

要想避免浪费别人的时间，有一个非常简单的方法，那就是询问别人。

【活学活用】

德鲁克认为，一个成功的时间管理者不仅懂得如何珍惜自己的时间，而且特别要学会珍惜别人的时间。美国《论坛报》主编贺拉斯·格里利说："不在乎别人的时间，和偷别人的钱没什么区别。浪费别人的一小时和偷走别人五美元有什么不同呢？况且，很多人工作一小时的价值比五美元要多得多。"

华盛顿总统每天4点钟吃饭，如果有时候应邀到白宫吃饭的国会新成员迟到了，华盛顿就会自顾自地吃饭而不理睬他们，

这使他们感到很尴尬。华盛顿经常这样说："我的表从来不问客人有没有到，它只问时间有没有到。"他的秘书找借口说，自己迟到的原因是表慢了。华盛顿回答说："那么，或者你换块新表，或者我换个新秘书。"

富兰克林对经常迟到却总是有借口搪塞的用人说："我发现，擅长找借口的人通常除此之外什么都不擅长。"

拿破仑有一次请元帅们和他共进晚餐，他们没有在约定的时间到达，他就旁若无人地先吃起来。他吃完刚刚站起来时，那些人来了。拿破仑说："先生们，现在就餐时间已经结束，我们开始下一步工作吧。"

美国前总统约翰·昆西·亚当斯也从不误时。议院开会时，看到亚当斯先生入座，主持人就知道该向大家宣布各就各位，开始会议了。有一次发生了这样一件事，主持人宣布就座时，有人说："时间还没到，因为亚当斯先生还没来呢。"结果发现是议会的钟快了3分，3分钟后，亚当斯先生像往常一样准时到达。

善于应对客人的人，都会在接到来客名单之后，就事先备定需要花多少时间。美国总统西奥多·罗斯福就是这样一个模范人物：当一个客人到来时，他总是在握手寒暄之后，便很抱歉地说，他还有许多别的客人要接见，这样一来，来客就会很简洁地道明来意，告辞而返了。

有一位大公司的经理，他每次与来客把事情商洽妥当之后，便很有礼貌地站起身来，向来客握手道歉，叹惜自己不能有更多的时间再跟他多谈一会儿。那些客人对他的诚恳态度都十分满意，而不会认为他很吝啬地只肯会谈两三分钟，其实这样做，对于双方都节约了时间。

优秀的管理者不仅会设法回避那些消耗他们时间的人，而且会想方设法避免别人时间的浪费。对于那些不必要的废话，他们有一个恰到好处的收场方法，同时他们也绝不会在别人上班的时间内，和他人东拉西扯地谈些无关紧要的话。因为那样无疑是在妨碍人家的工作效率，损害他人应得的利益。管理者要想避免成为严重浪费别人时间的人，就要敢于对对方说：如果你觉得我在废话，请立即制止。

把正确的事情做好，将不必要的工作砍掉

【德鲁克语录】

卓有成效的管理者唯一的共同点就是，将正确的事情做好，将不必要的工作砍掉。

【活学活用】

德鲁克说："我见过的卓有成效的管理者，几乎没有什么共性，他们在性格、知识和兴趣方面都迥然不同。他们唯一的共同点就是，将正确的事情做好，将不必要的工作砍掉。"《共好》一书的作者肯·布兰德也总是将这样的一句话挂在嘴边："不值得做的事，就不值得做好！"

多年来，很多效率管理专家不断宣扬要有效管理时间，以便解决所有的问题。但是，有些人在细心研究之后，发现了这种观点中不合理的地方，即原本不需要努力有效解决的事情，人们却在浪费时间去处理，而当人们花费心思处理那些不重要的事情时，则往往忽略了其他重要的事情。

马戏团曾经有个驯兽师，他听说从未有人看见骆驼倒退走，大家都认为骆驼只会往前走，不可能倒退走。于是这个驯兽师就决定要向这个"不可能"挑战，他要训练一只会倒退的骆驼！

他不断辛勤地训练，经过多年的努力，终于成功了。

下一幕是在马戏场里。观众从四面八方涌来，因为宣传和广告都保证将令观众大开眼界。场子正中央，站着那位驯兽师，正在口沫横飞地说明骆驼倒退走的奇观。成千的观众则面面相觑，一脸的迷惑，每个人的表情都仿佛在说："那又怎么样？"

确实，那又怎么样。浪费时间在没有多大意义的事情上，是没有人会喝彩的。工作要有效率，忙要忙在点子上，每个人的精力总是有限的，并不是每一件事情都值得我们全力以赴，只有像园丁那样剪去部分枝条，才能使树木更快地茁壮成长，增加果实的数量。

德鲁克曾列举了这么一个例子来阐述他的观点，他说，有一位制药公司的总裁，在最初几年把力量全部集中在研究工作上，但是该公司在研发方面一直没有优势，甚至连追随别人也感到吃力。慢慢地他开始意识到，公司绝不能再花五年时间去做别人五年前就已经在做的事情了。他当机立断，决定了自己的方向。结果不到五年，该公司就已在两项新计划上处于领先地位了。

作为领头羊的管理者，你的效率直接决定了整个团队的效率。如果一个管理者想把值得不值得的所有事情都做好的话，那结果肯定是什么事情都做不好的。一流的人做一流的事，卓有成效的管理者做好值得的、有成效的事情就行了，因为这说明你的工作是卓有成效的。

用 80/20 法则，把时间花在高价值的活动上

【德鲁克语录】

一个事业再怎么简单，管理再怎么有条理，仍然会有许多

事情需要去处理，但资源总会不够。

【活学活用】

德鲁克认为，如果你想获得更大的成绩，而不是成为一个庸庸碌碌的没事忙，你就需要抛开那些低价值的活动，将你的时间花在高价值的活动上——那些真正能给你的生命带来成功和喜悦的事情。

有人说生存在现在的社会里，必须要了解"80/20"法则，比如说世界上 80% 的财富，掌握在 20% 的人手里；市场上 80% 的速食面，由 20% 的商人经营。此种规则，也可适用在时间上。

此规则是意大利经济学家维尔弗雷多·帕累托奠定的，他在 1895 年首次提出这一规则。这一规则也被称作"帕累托原则"。帕累托注意到，在他所在的那个社会中，人自然地分成"重要的少数"（以金钱和社会影响来衡量的占 20% 的上层社会优秀分子）和"不重要的多数"（底层的 80%）。

他后来发现，实际上所有的经济活动都服从这一帕累托原则。例如，这一规则说，你 20% 的活动获得的成果在你所有成果中占 80%，你 20% 的客户占你 80% 的销售量，你 20% 的产品或服务占你 80% 的利润，你 20% 的任务占你 80% 的价值，如此等等。这就是说，如果你列出十项要做的工作，其中两项的价值等于或超过其余八项加起来的价值总和。

这是一项非常有意义的发现。有些任务可能要花同样多的时间去完成，但是，这些任务中的一项或两项的价值是其余任何一项的 5 倍或 10 倍。你就应当把这个任务当作首要任务来完成。

下面是威廉·穆尔替格利登公司推销油漆采用的方法。穆尔起初每月只能赚 160 美元。有一天他坐下来分析他售货的记录，发现 80% 的生意是跟 20% 的顾客做的——然而他为每位顾客花的时间相等。因此，穆尔就把他最没有希望做得成生意的36个顾客转让给了别的推销员，而他的精力就集中用来对待他最好的顾客。

不久，他每月赚1000美元，继而成为美国西海岸最优秀的推销员。之后，他从没有放弃这条原则，使他最后成为凯利·穆尔油漆公司的董事长。

80%的收获来自20%的时间，80%的时间创造了20%的成果。但很多管理者不能相信在自己80%的工作时间所做的事情仅仅带来少得可怜的20%的工作成绩。他们急于从自己的工作时间表里找出那最有价值的20%的时间，并努力将它扩大到40%、50%甚至更大的份额。怎么达到这样的目标呢？首先要做的就是重新审视自己的工作时间表。

工作时间表上记录的密密麻麻的事情中到底多少是有价值的呢？哪些事情是"高价值"的呢？哪些是阻碍你发展和进步的"低价值"的时间浪费？当你认识到哪些事情是骗走你宝贵时间的低价值活动，你就要像清除衣橱里的旧衣服那样，毫不客气地将它们丢掉，腾出时间去做最有价值的事。

无论多难取舍，也要确定出哪个是次要的

【德鲁克语录】

对于管理者而言，最困难的决定是确定出哪些事情暂时可以不去处理。

【活学活用】

生活中有许多必须做的事情，要是为了自己想做的事情，

而把应该做的、必须做的事情给忽略了，就会出问题。因此，我们需要调整理想和目标，找准人生中最重要的、必须要做的事情去做。

　　美国有一个天资聪颖的年轻人，叫柯雷基。他才华横溢，却不会一心一意地做任何事，而是想做什么就做什么，这一点几乎成了他的致命伤。他曾就读于著名的剑桥大学，但没有毕业，就参军去了。参军后，他因为不肯从事洗马匹的工作，结果又离开了军队。从军队离开后，他又进入著名的学府牛津大学攻读。可惜，没完成学位，就又离开了。后来，他还创办了一份报纸，但这报纸只出了十期就停刊了。虽然报纸没办成，他仍然梦想着著书立传。他常说："我的书已经完成了，就差把书从脑子里拿出来，交付印刷厂变成铅字了！"他甚至说自己已经完成两套 8 开本的书了，不过，还没寄给出版社呢！

　　事实上，他说的这一切著作，都只字未动，仅仅是留在脑海里而已。柯雷基的一生，最后以失败收场。他踌躇满志，最后竟然一事无成。原因何在？有人这样评价他："柯雷基的失败，是因为他想做的太多，结果什么都没做成。虽然才华横溢，但他欠缺毅力和集中力。"也就是说，柯雷基并没有确定出哪些事情是他生命中最为重要的事情，并为其竭尽全力。而田径运动员鲁伊斯与他恰恰相反。

　　1984 年的夏季奥运会，鲁伊斯一共赢得 4 枚金牌。他虽然表现出色，却遭人批评，说他的跳远并没有尽自己的全力。的确，鲁伊斯在首跳之后，就知道金牌已经是十拿九稳了。于是他没有竭尽全力，跳出个世界纪录。但他很有道理地解释道："我参加奥运会，是为了拿金牌，而不是为了创世界纪录。除了跳远，我还要给自己留些力气，参加其他项目的比赛，争取更多的金牌。至于世界纪录，今天我创立了，不用多久，一定有别人破纪录。何必把全部力气花在不能长久的事上呢？"

显然，鲁伊斯懂得"衡量轻重，分清主次"。对于他来说，金牌才是最重要的。现实生活中，很多管理者总是抱怨时间不够用，其关键原因就是他们将事情的优先级别搞错了。必须做的事和想做的事不同。想做的事可以有很多，比如，想上网聊天，想郊游，想逛商店，想睡觉……但工作中有许多必须做的事情。要是为了想做的事情，而把应该做的、必须做的事情给忽略了，就会出问题。因此，管理者需要调整理想和目标，找准工作中最重要的、必须要做的事情去做。只有这样，才能实现高效工作。

卓有成效的秘诀就在于一次只做一件事

【德鲁克语录】

一个管理者能完成许多大事的秘诀就在于一次只做一件事。

【活学活用】

德鲁克说，如果卓有成效还有什么秘密的话，那就是善于集中精力。卓有成效的管理者总是把重要的事情放在前面先做，一次做好一件事情。

每周三是医学专家王医生出诊的日子。由于他的医术高明，很多人慕名而来。每个星期三，医院里都会聚满了来自不同地方的患者，他们早早地排起长队，急切地等待着，等待着王医生为自己诊治病痛。

对于王医生来说，工作的紧张与压力可想而知。他有时就一个问题与同一个患者重复三四次。令人不可思议的是，这位身材瘦小、戴着眼镜、一副文弱样子的王医生，看起来一点也不紧张，人们都很佩服他面对大量缺乏耐心的混乱的患者时，仍然能表现出如此的镇定自若。

在他面前的患者，有一个矮胖的农村妇女，头上戴着一条头巾，已被汗水湿透，她的脸上满是焦虑与不安的神情。王医生倾斜着上身，以便能倾听她的声音。"是的，你哪里不舒服？"他把头抬高，集中精神，透过他的厚镜片看着这位妇人，"不舒服时间持续多久了？"

这时，有位穿着入时、戴着昂贵首饰的女子，试图插话进来。但是，王医生却旁若无人，只是继续和这位妇人说话："你确信是间歇性疼痛吗？""是的，没错，大夫。""是进食以后比空腹时更加疼吗？""不，恰好相反。"他点点头说："我给你开一个处方，每天吃四次，每次吃两粒。""你说的不是每天三次，对吗？""是的，太太。""四次？""是的，四次。"

女人转身离开，王医生立刻将注意力移到下一位时髦女患者身上。但是，没多久，那位太太又回头来问一次："你刚才说是四次，对吗？"这一次，王医生集中精力在下一位患者的身上，不再管这位头上扎丝巾的太太了。

有人不解地询问王医生："能否告诉我，你是如何做到保持冷静的呢？"王医生这样回答："我并没有和所有的患者同时打交道，我只是单纯处理一位顾客。忙完一位，才换下一位。在一整天之中，我某一个时段只能为一位患者服务。"

在更多的时候，"质"远远比"量"更为重要，与其拿100个60分，还不如得60个100分。尽管它们的和都是6 000分，但实际上差别可真是太大了。如果你是公司的管理者，你每天做许多事情，但每件事都是马马虎虎，别人看待你充其量不过是个60分的人。相反的，如果你能集中火力，不贪心，一次只做一件事情，并且能把它做得十分完美，那么别人看待你，就会是个"100分的人"。

Part 7

德鲁克说
要以事业的心态对待工作

老板总是奖赏那些最优秀的人才，同时剔除那些效率低下的员工。最高的薪水、最高的奖赏，都是给那些卓越的员工。要么卓越，要么出局，是一切商业成功的普遍法则。若不想出局，就要全力以赴地投入工作，做到卓越。

未予先求得，往往会使人效率低下

【德鲁克语录】

很多管理者更在意自己没有得到"应有"的职权，结果是他们使自己的工作没有效率。

【活学活用】

德鲁克认为，如果一个管理者只强调自己的权力，那么不管他对自己的头衔与职位多么地沾沾自得，他也只是个下属而已。相反，如果他重视贡献，那么不管他的职位多么低，他实际上就是高层管理人员。这是因为他能对整个机构的经营业绩负责，他所做的工作符合"最高管理层"的实际含义。

事实上机会往往青睐那些勇于付出的人。一个年轻员工在很短时间内便晋升为公司的管理人员。有人问他成功的秘诀是什么，他这样回答道："我在试用期的时候就注意到，每天下班后其他人都回家了，而老板却常常留在办公室里工作到很晚。我希望自己能有更多的时间学习一些东西，于是下班后也留在办公室里，处理一些业务方面的工作，同时给老板提供一些帮助。"

"没有人要求我留下来，而且我的行为还遭到一些同事的非议，但我还是坚持这样做了，因为我认为我是对的……我和老板配合得很默契，他也逐渐形成了招呼我帮忙的习惯……"就这样，这个年轻员工学到了很多新技能，并赢得了老板的信任和赏识，进而获得了加薪升职的机会。

如果你能勇于付出且乐于付出，如果你能用"要做就做最好"的态度完成老板交给你的每一项工作，老板自然会信任你、赏识你，并将更重要的工作交给你去完成。而你也将因此掌握更多的经验，拥有更强的个人能力，并且你将比别人拥有更多的晋升机会。

田迈是一家大型滑雪娱乐公司的普通修理工。他所任职的滑雪娱乐公司是全国首家引进人工造雪机在坡地上造雪的大型公司。

一天深夜，田迈照例出去巡视，突然看见有一台造雪机喷出的不是雪而是水。凭着工作经验，田迈知道这种现象是由于造雪机的水量控制开关和水泵水压开关不协调而导致的。他急忙跑到水泵坑边，用手电筒一照，发现坑里的水已经快漫到了动力电源的开关口，若不赶快采取措施，将会发生动力电缆短路的问题。这种情况一旦发生，将会给公司带来严重损失，甚至可能危及许多人的性命。

一想到这里，田迈不顾个人安危，毅然跳入水泵坑中，控制住了水泵阀门，防止了水的漫延。随后他又绞尽脑汁，把坑里的水排尽，重新启动造雪机开始造雪。当同事们闻讯赶过来帮忙时，田迈已经把问题处理妥当。但由于长时间在冷水中工作，他已经冻得走不动路了。闻讯赶来的老总派人连夜把田迈送入医院，才使他转危为安。出院的田迈一星期之后就被老总升为总经理助理。

贡献永远与收获成正比。也许投入无法立刻得到回报，但回报可能会在不经意间出现。强调贡献就会使效率不断提高。如果只会抱怨，不良情绪自然会影响工作效率，导致难以成就职场的辉煌。

对贡献越重视越容易提升成效

【德鲁克语录】

对贡献的重视程度是提升成效的关键。

【活学活用】

德鲁克认为，重视贡献便能使管理者把注意力从自己狭隘的部门、专业及技能转移到整个机构的经营业绩上来，使他更加重视外部世界。无论是管理者还是普通员工，苦劳固然使人感动，但只有那些做出实际业绩，能够为企业创造实实在在业绩的人才能够赢得公司的青睐，才能够获得更好的发展。

联想集团有个很有名的理念："不重过程重结果，不重苦劳重功劳。"这是写在《联想文化手册》中的核心理念之一。在这个手册中，明确记录道：这个理念是联想公司成立半年之后开始格外强调的。联想为什么会着重强调这一理念呢，原来这一理念的提出源自联想的创始人柳传志早年创建联想的一段经历。

在一次电视节目中，柳传志声色沉重地告诉大家：联想刚刚成立时，只有几十万元，却由于轻信他人，被骗走了一大半。而且，骗他们的人，还不是一般人，而是某个部门的干部。这一来，公司元气大伤，甚至逼得某些员工要去卖蔬菜来挽回损失。

毫无疑问，刚刚创业时候的联想，大家都有对事业拼命的干劲和热情，但是，光有干劲和热情，并不能保证财富的增加与事业的成功。不仅如此，商场如战场，光有善良、热情、好心等品质，如果缺乏智慧和方法，完全可能给企业造成巨大的损失！

当时就那么一点点的资金，如果没有用好，公司就有可能夭折、破产！这时，只是强调繁忙、勤奋、卖命、辛苦等，已经没有太多的意义。经过了这一教训，联想后来做事不仅越来越冷静、踏实，而且特别重视策略、方法。联想自从成立以后，到如今已经20年。这20年，它已经从只有几个下海的知识分子的公司，变为了一家享誉海内外的高科技公司。它之所以有后来这样大的发展，毫无疑问与这个核心理念密切相关。

业绩是衡量人才的唯一标准。一位曾在外企供职多年的人力资源总监颇有感触地说："所有企业的管理者和老板，只认一样东西，就是业绩。老板给我高薪，凭什么呢？最根本的就要看我所做的事情，能在市场上产生多大的业绩。"现在就是一个以业绩论英雄的时代。

不管你的能力如何，不管你的工作是否努力，你想在公司里成长、发展、实现自己的目标，你都需要有业绩来保证你实现你的梦想。只要你能创造业绩，不管在什么公司你都能得到老板的器重，得到晋升的机会。因为你创造的业绩是公司发展的决定性条件。管理者不仅要以业绩为导向考核下属，更要强化自己的绩效。不问绩效的"老黄牛"时代已经过去了，企业更需要能插上效益翅膀的"老黄牛"。

管理者应该询问别人：你需要我为你做什么

【德鲁克语录】

卓有成效的管理者会询问同事及下属：你需要我给予哪些支持才能提升你对组织的贡献？

【活学活用】

德鲁克说，卓有成效的管理者总想了解别人需要什么。除了积极地理解上级的意图之外，他们还会千方百计地促进下属取得成绩。为下属服务，这是他们信奉的一条重要工作原则。

沃尔玛的公仆式领导一直都很有名。早在创业之初，沃尔玛公司创始人山姆·沃尔顿就为公司制定了三条座右铭：顾客是上帝、尊重每一个员工、每天追求卓越。沃尔玛是"倒金字塔"式的组织关系，这种组织结构使沃尔玛的领导处在整个系统的最基层，员工是中间的基石，顾客放在第一位。沃尔玛提倡"员工为顾客服务，领导为员工服务"。

沃尔玛的这种理念极其符合现代商业规律。对于现今的企业来说，竞争其实就是人才的竞争，人才来源于企业的员工。作为企业管理者只有提供更好的平台，员工才会愿意为企业奉献更多的力量。上级很好地为下级服务，下级才能很好地对上级负责。员工好了，公司才能发展好。企业就是一个磁场，企业管理者与员工只有互相吸引才能产生更大的能量。

但是，很多企业看不到这一点。不少企业管理者总是抱怨员工素质太低，或者抱怨员工缺乏职业精神，工作懈怠。但是，他们最需要反省的是，他们为员工付出了多少？作为领导，他们为员工服务了多少？正是因为他们对员工利益的漠视，才使很多员工感觉到企业不能帮助他们实现自己的理想和目标，于是不得不跳槽离开。

这类企业的管理者应该向沃尔玛公司认真学习。沃尔玛公司在实施一些制度或者理念之前，首先会征询员工的意见："这些政策或理念对你们的工作有没有帮助？有哪些帮助？"沃尔玛的领导者认为，公司让员工参与政策的制定，会轻易赢得员工的认可。

沃尔玛公司从来不会对员工的种种需求置之不理，更不会认为提出更多要求的员工是在无理取闹。相反，每当员工提出某些需求之后，公司都会组织各级管理层迅速对这些需求进行讨论，并且以最快的速度查清员工提出这些需求的具体原因，然后根据实际情况做出适度的妥协，给予员工一定程度的满足。

在沃尔玛领导者眼里，员工不是公司的螺丝钉，而是公司的合伙人，他们信奉的理念是：员工是沃尔玛的合伙人，沃尔玛是所有员工的沃尔玛。在公司内部，任何一个员工的铭牌上都只有名字，而没有标明职务，包括总裁，大家见面后无须称呼职务，而直呼姓名。沃尔玛领导者制定这样制度的目的就是使公司和员工就像盟友一样竭诚合作。

为员工提供服务，把员工视为企业的合作伙伴，这是员工最希望的关系。这种有效的方式，能实现"双赢"。把员工视为企业的合作伙伴，就能增加相互的协作，这样不仅员工能迅速成长，为企业带来的效益也是巨大的。对于管理者而言，要想成为下属的合作伙伴，就要主动接触下属，就要常问下属需要自己提供哪些帮助，而不是高高在上地充当指挥官。

重视贡献是管理者突破自我限制的重要方法

【德鲁克语录】

"我能贡献什么？"这个问题就是要找出工作尚未运用到的潜能。

【活学活用】

德鲁克认为人的潜力是无穷的，当管理者提出"我能作什么贡献"这个问题时，实际上就是在促使自己要充分挖掘潜力。即便目前已经拥有了卓越成绩，如能进一步激发潜能，未来贡献将更为耀眼。

1961年，韦尔奇作为一名出色的工程师已经在 GE 工作一年了，他的年薪是 10500 美元。这时候，韦尔奇的顶头上司伯特·科普兰给他涨了 1000 美元，韦尔奇觉得还不错，他以为这是公司对有贡献的人的奖赏，他看到了自身的价值。但他很快发现他的办公室中的四个人的薪水居然完全一样。

他有无数的理由认为，他应该比其他人挣得多。韦尔奇找到了伯特·科普兰得到的解释是这是公司预先确定好的标准的工资浮动。韦尔奇一天比一天萎靡不振，终日牢骚满腹，无心工作。

一天，科普兰的上司、时任 GE 新化学开发部年轻的主管鲁本·加托夫将韦尔奇叫到自己的办公室，他语重心长地对韦尔奇说："你来 GE 虽然只有一年时间．但我很欣赏你的才华与工作热情。韦尔奇，以后的路还长着呢，对你个人而言，整日抱怨，无心工作，只会浪费 GE 这个大舞台，难道你不希望有一天能站到这个大舞台的中央吗？"

这次谈话被韦尔奇称为是改变命运的一次谈话，后来当上执行总裁的韦尔奇也一直尊加托夫为恩师。韦尔奇此时想要做的就是停止抱怨，争取尽快脱颖而出，让自己有一个新的根本性的改变。韦尔奇等来了脱颖而出的机会——生产经理鲍勃·芬霍尔特被提升到总部任战略策划负责人，经理的职位便出现了空缺。

我为什么不试试呢？韦尔奇想。韦尔奇不想看着这个可以改变自己的机会从自己眼前溜走，这个富有挑战性的工作实在是太有诱惑力了。和加托夫以及其他人吃完晚餐后，韦尔奇跟着加托夫来到停车场，并且坐在加托夫的汽车上。"为什么不让我试试鲍勃的位置？"韦尔奇开门见山地说。

加托夫当晚并没有答复韦尔奇，但当他把车开出停车场的时候，他对站在街边的韦尔奇大声说道："你是我认识的下属中，第一个向我要职位的人，我会记住你的。"在接下来的七天时间里，韦尔奇不断给加托夫打电话，列出一些他适合这个职位的原因。他说的最多的一句话就是：我希望为 GE 作出更大的贡献。

一个星期后，加托夫打来电话，告诉韦尔奇，他已被提升为顶替鲍勃的生产经理。1968 年 6 月初，也就是韦尔奇进入 GE 的第八年，他被提升为产值 2600 万美元的塑料业务部的总经理。当时他年仅 33 岁，是这家大公司有史以来最年轻的总经理。1981 年 4 月 1 日，杰克·韦尔奇终于凭借自己对公司的卓越贡献，稳稳地站到了董事长兼最高执行官的位置上，站到了 GE 舞台的中央位置。

可以说正是强调对组织的贡献，使得韦尔奇最终站到了权力的最高点。

目标遥不可及时，就是在显示愚蠢

【德鲁克语录】

人们都是根据自己设定的目标和要求成长起来的，知识工作者更是如此。

【活学活用】

德鲁克说，人们总是按照自己定下的目标和方向不断前进的。如果他们对自己没什么要求，那他们就只能在原地踏步，不会有任何发展。如果他们对自己的要求很多很高，那么他们就会发展成为能力特强的人，而且所花的时间和力气也并不见得比成就不明显的人更多。

1927年12月20日韩国前总统金泳三出生在与釜山市隔海相望的巨济岛。父亲金洪祚是一位渔场主，信奉基督教；母亲朴富连，是位贤惠朴实的家庭主妇。

少年时代的金泳三，虽然家庭生活还算比较优裕，但他入学就读的条件却非常差。附近没有学校，从6岁开始他每天都得爬两座小山，到2公里以外的小学去读书。升入高小后，他又要到离家更远的学校去就读。在小学就读期间，他不怕路途遥远，不顾山路崎岖，磨炼出了吃苦耐劳的坚强意志。进入中学后，他更加刻苦用功，以求获得更多的知识。

在读高中时金泳三就梦想成为韩国的总统，这位志向远大的青年人在与同学们畅谈未来的愿景时，挥笔写出了"金泳三——未来的总统"的大条幅，并把它贴在宿舍的墙壁上。正是这个美好的梦想，驱使他在日后的征途中百折不挠、坚贞不屈，成就了一番大业。

哈佛大学曾经做过一个极其著名的人生实验：他们调查了一群智力水平、学历、成长环境、家庭背景等各项条件极其相近的大学毕业生，结果是这样的：27%的人，没有目标；60%的人，目标模糊；10%的人，有清晰但比较短期的目标；3%的人，有清晰而长远的目标。

这项实验的时间跨度很大，25年后，哈佛再次对这群学生进行了跟踪调查，结果令人大为吃惊：有清晰而长远的目标的那部分人（3%）都成为各自领域的领袖级人物；有清晰但比较短期的目标的那部分人（10%）成了各个领域中的专业人士；目标模糊的人（60%）却事业发展平平；而那些没有目标的人（27%）几乎都一事无成，过得很不如意。

这便是是否具有目标而带来的结果差异。他们之间的差别仅仅在于：25 年前，他们中的一些人知道自己到底要什么，而另一些人则不清楚或不很清楚。目标是具有驱动力的，具有成就未来的力量。

松下电器的创始人松下幸之助说过："人生如果没有目标，就无法得到充实，就不能前进或发展。"目标就像前方鲜明的旗帜，指引着成功人士向前奋进，成为成功的第一推动力。

让自己的知识变成组织成长的机会

【德鲁克语录】

管理者会设法让自己的知识成为组织成长的机会。

【活学活用】

德鲁克认为，优秀的管理者可以使企业的目标与个人的需求很好地结合起来。有意想充分发挥自己及他人的长处的管理者，一定要使企业的绩效能与个人的成就协调起来。他会设法让自己的知识成为可以帮助企业抓住机遇的促进因素。通过强调贡献，他可以使其自身的价值转化为组织的效益。

比尔·盖茨说："技术的背后是人。过去几十年社会的种种进步，乃是源于天才身上的一种无法预测的创造力。对于微软公司而言，最重要的是人，而不是钱。只要最优秀的人在，钱就会失而复得；而失去了人，微软才是真的完蛋了。"他始终相信，一个优秀的人能够改变大局面。罗兰德·汉森就是这样的人。

　　1981 年年底，微软已经控制了 PC 机的操作系统市场，并决定进军应用软件领域。盖茨决定把微软公司变成不仅开发软件，而且具备零售营销能力的公司。他打算一边从事产品生产，一边从事产品销售，全面投入市场竞争。但是，市场营销却让盖茨感到头疼，因为在软件程序设计方面，微软的人才都是高手，而在市场营销方面，则找不出一个很懂得行情的人来。

　　盖茨明白了问题的症结，于是就四处打听，八方网罗市场营销方面的人才。最后，终于从肥皂大王尼多格拉公司挖来了罗兰德·汉森。他刚一上任，盖茨就任命他当公司的营销副总裁。虽然汉森在软件设计方面可以说是完全的"门外汉"，但是他在市场营销方面却有着极其丰富的知识和经验。盖茨要汉森负责微软公司的广告、公关和产品服务，以及产品的宣传与推销。

　　汉森做事雷厉风行，上任第一天就给微软的员工们上了一堂生动的营销课。"品牌会产生光环效应。只有让人们对品牌产生联想，产品才会更容易被接受"，"当你用这个品牌推出新产品时，依靠品牌的光芒，它会更容易站住脚，更容易受欢迎"。汉森给这群只懂软件、不懂市场的"营销盲"进行了一次生动的启蒙教育。在汉森的带动之下，微软公司做出决定：从今以后，所有的微软产品都要以"微软"为商标。

　　从那以后，微软公司的所有不同类型的产品都打出"微软"品牌。不久以后，这一品牌在美国、欧洲乃至全球都成为家喻户晓的名牌。直到此时，微软公司的市场销路才算彻底被打开。

　　罗兰德·汉森以自己的长处和知识扭转了微软营销不利的局面，使得微软有机会成为全球最有影响力的互联网公司。德鲁克说，管理者应协调好以下两种需求；企业需要让员工为企业作出贡献；员工需要把企业当成实现自己的人生目标的舞台。管理者不仅要善于发挥自己的长处，还要善于使自己的优势能够为企业创造成果的机会。只有这样，管理者的工作才能变得卓有成效，并且不可替代。

任何成效都是建立在对机会的高效利用上

【德鲁克语录】

成效本身必定是来自于对机会的利用，而不单单是为了解决问题。

【活学活用】

解决问题是成效的基本要求，除此之外，成效还要能为企业带来实现飞跃的机会。德鲁克认为，无论是对于企业成果或是个人业绩，成效都是建立在对机会的利用上的。

作为全球知名的两大可乐公司，百事可乐与可口可乐的竞争愈演愈烈。不过，早在 20 世纪初的二三十年代，可口可乐却找不到对手，它几乎称霸了整个可乐市场。可口可乐是可乐的最早发明者，可乐的历史也由它而起。作为跟随者的百事可乐，在最初成立的几十年间，一直将可口可乐视为自己的榜样。

20 世纪 30 年代以前，百事可乐根本不敢想象应该如何与可口可乐进行竞争。百事可乐同当时美国其他数以百计的可乐公司一样，将公司的经营理念重点放在学习可口可乐的运营模式上。作为可乐领域的小字辈，百事可乐一直仰人鼻息。百事可乐曾三次请求可口可乐收购自己，都遭到了后者的拒绝。

强大对手的存在，最终激起了百事可乐的斗志。1939 年，百事可乐改变了过去的经营理念，他们开始寻找突破口。百事可乐发现，所有可乐公司都按照可口可乐 6.5 盎司的标准进行装瓶。百事可乐找到了提升知名度的方法，他们推出了与 6.5 盎司同样价钱，却有 12 盎司分量的"双倍装"。百事可乐还提出了一个非常吸引人的口号：一分钱，两分货。百事可乐的新包装，迅速吸引到大量的消费群体。

百事可乐的这一创举，让包括可口可乐在内的所有可乐公司手足无措。当时 6.5 盎司的标准被消费者普遍接受，而美国各地的自动贩卖机上的瓶装可乐都是按照这一标准包装的。可口可乐作为当时最大的可乐供应商，一时间根本不可能进行包装改换。这一次，百事可乐取得了巨大成功。到二战结束，百事可乐已经成为全美第二大可乐生产商。

自此，可口可乐开始将百事可乐作为自己的头号竞争对手。面对百事可乐的竞争，它也采取了应对措施，在 1955 年推出了大瓶装可乐。百事可乐面对可口可乐的出击，再一次对自身的发展战略进行了重大调整。可口可乐公司一贯塑造的产品形象是传统的、正宗的，百事可乐将自己的产品形象定位在新潮的、年轻的。

这次定位的调整对百事可乐的发展至关重要，不仅使百事可乐有了自身的品牌效应，而且与可口可乐的产品进行区隔，目标群体更为明确，自此以后，百事可乐的战略部署始终围绕在"年轻"与"新潮"上，它有了自己新的广告宣传语："新一代的选择"。在 1985 年，百事可乐有了历史性的突破，首次在销量上超过可口可乐，成为市场的王者。

对手的漏洞就意味着是自己的机会。每一次机会的到来，对于任何人来说，都是一次严峻的考验。它不仅需要勇气，更需要智慧。抓住了机会，就会使工作富有成效，企业发展也会因而实现质的提升。

在责任感的驱使下，才能获得成功

【德鲁克语录】

　　每个人面临的选择机会很多，但任何机会都意味着责任。

【活学活用】

　　工作意味着什么？古往今来，答案各不相同，而分歧的焦点就在于：是把工作视为责任还是视为谋生的手段。成功的人当然选择了前者。每个人都应该记住，没有任何理由，因为这是自己的工作，工作就意味着责任。在责任感的驱使下，才能获得成功。

　　1993年麦克蒂罗被聘到某计算机配件制造公司时，公司还很小，只有二十来人，老板是一个只比麦克蒂罗年长三岁的年轻人。就在那年的10月份，公司接到一笔订单，为某计算机公司加工50万只硬盘。公司将全部资金和相关资源都投入进去。然而，天有不测风云，由于技术不过关以及控制上的疏忽，所生产的硬盘出现了严重的质量问题。50万只硬盘被全部退货。

　　这对于他们这样的一个小公司来说，打击太沉重了，不仅没有赚到一分钱，还欠了银行一笔巨额债务。银行知道退货消息后，天天登门讨债。到第二年三月份的时候，公司连水电费都无力支付了。老板通过多方求助，总算把员工的工资借到了。在了解到公司的困难后，很多员工请求辞职。

　　当那些员工们拿着赔偿协议，提着各自的行李离开后，老板以为整个公司就只剩下自己一个人了。但当他走出自己的办公室时，却发现还有一个人在安静地工作着，这个人就是麦克蒂罗，平日里并不怎么接近他，也从来没有表白过自己的忠诚。老板非常感动，他走到麦克蒂罗面前说："你怎么没要赔偿金？"

麦克蒂罗笑了笑，说："我根本就没有打算离开。"麦克蒂罗真的没有离开，而且他把自己积攒的6万多美元全部借给了他的老板。接下来老板和麦克蒂罗重新定位，转变了公司经营重心，开始给一些软件公司寄销软件，因为是寄销，所以公司几乎不需要投入什么资金。很快，公司就出现了转机。仅仅过了一年时间，公司就迅速成长为一家中型软件企业，资产也由原来的负数变成了5000多万美元。

有一天，老板约麦克蒂罗在一家咖啡厅谈心。"在公司最困难的时候，是你给了我莫大的帮助和鼓励。那时，我就想把公司50%的股权交给你，可当时公司那么糟糕，我怕拖累你，现在，公司起死回生了，我觉得应该把它交给你了。同时，我诚挚地邀请你出任公司的总裁。"老板说着，拿出了早已准备好的聘书和股权证明书，一起交到了麦克蒂罗的手里。

麦克蒂罗的成功，源于他能将公司的兴亡当成自己的责任。如果说公司是一艘船，那么这艘船将载着老板和所有员工共同驶向茫茫的事业之海，只不过老板扮演的是船长的角色，而员工则是船员。为了到达目的地，无论是船员还是船长，都必须尽职尽责，在责任感的驱使下做出最大的贡献。只有这样，公司和个人才能均获得成功。

如果你做不到卓越，那么就只能被淘汰

【德鲁克语录】

先了解自己适合干什么，然后再用高标准来要求自己。

【活学活用】

德鲁克认为，标准越高越能成就卓越。做到卓越，最大的受益者是我们自己。全力以赴追求卓越的习惯一旦养成，会让你成为一个值得信赖的人，使你成为不可缺少的人物和可以被委以重任的人，让你始终被老板所器重，永远不会失业。如果你不能做到卓越，那么就只能被淘汰。

1907 年，吉尔·弗兰克刚进入职业棒球界不久，就遭到有生以来最大的打击，因为他被开除了。他动作无力，因此球队的经理有意要他走人。球队的经理对他说："你这样慢吞吞的，哪像是在球场混了 20 年？弗兰克，离开这里之后，无论你到哪里做什么事，若不提起精神来，你将永远不会有出路。"

本来弗兰克的月薪是 175 美元，离开原来的球队之后，他参加了新凡球队，月薪仅为 25 美元。薪水这么少，弗兰克做事当然没有热情，但他决心努力试一试。因为在那个地方没有人知道他过去的表现，弗兰克就决心变成表现最好的球员。为了实现这点，他决定采取行动。

在新凡的每一天，弗兰克的比赛态度有了根本性改变。只要他一上场，就好像全身带电。他强力地投出高速球，使接球的人双手都麻木了。有一次，弗兰克一举冲入三垒。那位三垒手吓呆了，球漏接，弗兰克就盗垒成功了。而当时气温高达 39℃，弗兰克在球场奔来跑去，极可能因中暑而倒下去，但弗兰克对气温不以为然。

这种热忱所带来的结果，令人吃惊。这场比赛的第二天，弗兰克上了报纸。当他读到关于自己的报道的时候，兴奋极了。报上说：那位新加入的球员，无异是一个"霹雳球"，全队的人受到他的影响，都充满了活力。他们不但赢了，而且是本季最精彩的一场比赛。凭借着出色的表现，弗兰克的月薪由 25 美元提高为 185 美元，多了 7 倍。

在往后的两年里，弗兰克一直担任三垒手，薪水加到最初水平的 30 倍之多。为什么呢？弗兰克自己说："就是要做到最好，没有别的原因。"后来，弗兰克的手臂受了伤，不得不放弃打棒球。接着，他到菲特烈人寿保险公司当保险员，整整一年多都没有什么成绩，因此很苦闷。但后来他又变得很有热忱，立志成为业绩最好的推销员，就像当年打棒球那样。

果然，未出多久，他就成为人寿保险界的大红人。不但有人请他撰稿，还有人请他演讲自己的经验。他说："我见到许多人，由于对工作抱着热忱的态度，使他们的收入成倍数地增加起来。我也见到另一些人，由于缺乏热忱而走投无路。我深信唯有以热忱的态度追求卓越，才能获得最大成功。"

任何企业都喜欢最卓越的人。成功的团队来自于区别对待，即保留最好的，剔除最弱的，而且总是力争提高标准。老板总是奖赏那些最优秀的人才，同时剔除那些效率低下的员工。最高的薪水、最高的奖赏，都是给那些做到卓越的员工。要么卓越，要么出局，不仅是 NBA 的成功法则，更是一切商业成功的普遍法则。若不想出局，就要全力以赴地投入工作，做到卓越。

任何时候，最好都能用老板的心态思考

【德鲁克语录】

自我管理是管理上的一次大革命，他要求每一个人都要付出全部的精力，用老板的心态思考并行动。

【活学活用】

在职场中，我们常常见到这样的员工，他们总以打工者的心态对待自己的工作。他们认为，公司是老板的，我只是替老板做事，工作做得再好，为公司赚再多的钱，得好处的还是老板，企业的命运与自己无关。员工如果以这种心态对待公司，对待自己的工作，就肯定不会全力以赴去做该做的事，那么也就千万别指望老板重用你、提升你，打工仔将是你永远的身份。

英特尔总裁安迪·葛洛夫应邀对加州大学伯克利分校毕业生发表演讲，提出这样的建议："不管你在哪里工作，都别把自己当成员工——应该把公司看作自己开的一样。"只要你以老板的心态去对待公司，以老板的心态去做好你所从事的工作，你就会在职场中慢慢成长起来，最后获得成功。

以老板的心态要求自己，跟企业的发展并没有实质上的冲突，恰恰相反，如果每一位员工都带着老板的大局观去工作，员工可以从公司的欣欣向荣中获得更多的好处。

有位叫王昆的员工，老板派他到意大利的一家分公司收拾残局。那家分公司连年亏损，老板想把那里的员工全部裁掉，并把公司的货物运回来。虽然老板叫他去执行终结公司的任务，但他决定改变老板的安排，让这家分公司东山再起。他是这样想的：尽管自己只是一个员工，但应该时时以老板的心态来自我要求，如果自己能让一家即将倒闭的公司起死回生，这不更能证明自己的价值吗？

当以老板的心态来自我要求时，你就不会只以达到公司的目标为满足，而会提出一个更高的目标来实现自我满足，这等于是在挑战自己，而不是在做给老板看。只有时刻以老板的心态要求自己，自己才有当上老板的那一天。什么样的心态将决定我们过什么样的生活。当你具备了老板的心态，你就会去考虑企业的成长，就会去考虑企业的明天，就会感觉到企业的事情就是自己的事情。

谭丁是沃尔玛中国的总商品经理。从 1995 年沃尔玛中国开始筹备的时候，刚刚从上海交大毕业的谭丁就加入了这家世界最大的公司。由于对采购工作根本没有任何经验，当时的谭丁工作进行得极其艰难，但是，她始终坚持一个原则，随时都要想着为公司争取到最大的利益。

正是有了这种老板的心态，她在工作中逐渐积累经验，逐渐掌握了谈判的要诀和技巧，同时注意把握一种双赢的准则，充分考虑到供货商的利益，终于打开了采购工作的局面。就这样，她从一个普通的采购员升任到助理采购经理，再到采购经理，到现在已经成为总商品经理。如今她已经成为沃尔玛的 TMAP 计划培训人员，这个培训计划的目标就是成为接班人，可能是上一级主管，也可能是更高的管理层。

谭丁的事例告诉我们，有了老板心态，你就会成为一个获得别人信赖的人。因为一个尽职尽责完成工作的人，往往已经把工作看成是自己的事业，以事业心去干工作。这样的人必然会较为容易地获得成就，因而受到重用，使自己的职业生涯取得最大可能的成功。

我们只有追随自己的兴趣才更容易成功

【德鲁克语录】

处在一个具有多种选择机会的时代里，年轻人常被问的问题不再是"该做什么"，而是"想做什么"。

【活学活用】

在德鲁克眼里，兴趣是选择的指南。歌德说："哪里没有兴趣，哪里就没有记忆。"儿童早期教育的鼻祖木村久一也说："天才就是强烈的兴趣和顽强的入迷。"诺贝尔奖物理学得主杨振宁曾坦言，自己获得成功的真正秘诀是兴趣。想做什么意味着我们要听从自己理想的召唤。追随兴趣更容易成功。

赵鹏大是中国著名的地质学家。他把自己学习和从事地质专业的志趣归功于他的中、小学时代。在四川读小学时，老师曾多次带领他们去参观矿山，到自贡市大坟堡盐井区参观井盐开采和食盐的加工过程，到威远县下煤矿并实地参观井下采煤作业。到了读中学时，老师在课堂上告诉学生们地质学家可以推算出埋藏在地下的矿藏储量有多少，哪里还有珍贵的矿藏。这些知识都使少年时代的赵鹏大对于采矿业产生浓厚的兴趣。经过努力，他如愿进入北京大学地质系。

著名植物学家蔡希陶，青年时期酷爱文学，创作了短篇小说《蒲公英》，受到鲁迅先生的称赞。因为家贫不能上高中，于是只好进了北平静生生物调查所当练习生。在学生时代，他爱好的并不是植物，而是动物。后来，由于社会需要把他推到了一家植物研究所，他又很快培养起了对植物学研究的兴趣，而且潜心研究，为我国的植物资源学、植物引种驯化、人工植物群落等的研究做了大量开拓性工作，奠定中国人工植物实验群落学的根基，成为国内外知名的植物学家、植物资源学家。

闻名世界的英国物理学家、化学家法拉第，在化学、电化学、电磁学等领域都作出过杰出贡献。可是青年时期的法拉第，因为他家境贫寒，未受过系统的正规教育，对于电学一无所知，当然也谈不上对它有兴趣。后来他偶然接触到了一些电学知识，入门以后，他便对电学产生了非常浓厚的兴趣。在兴趣驱动下，法拉第凭借顽强的毅力悉心钻研电学，终于研制出了世界上第一台发电机，还发现了三个重要的电学定律，成为现代电工学理论的奠基人。

在华人领域享有很高威望的职业经理人李开复就是因兴趣而成功的代表。1972年，他进入了美国哥伦比亚大学学习"政治科学"专业。然而两年的学习让他知道自己的兴趣并非在政治方面。枯燥的理论知识经常让他在课堂上昏昏欲睡，学习成绩也不尽如人意。但是，他发现他在计算机学习方面具备惊人的天赋。往往是别人还在苦思冥想如何写出程序时，他早就把程序写完而无所事事。

后来，他发现他发疯一样爱上了这门学科。因此，在大学二年级时，他自己做出了一个惊人的决定："转系！"这意味着他将从一个全美排名第三的专业转到一个毫无名气可言的专业。但是，他听从了内心的选择，还是选择了计算机专业。而这个决定，改写了他一生的轨迹。这个决定不仅使他成为美国顶尖的计算机领域的科学家，更是相继成为苹果、微软和谷歌公司的职业经理人。

李开复说：兴趣就是天赋，天赋就是兴趣。在如今越来越能多元化选择的商业时代里，任何人想要有所成就，就要聆听内心兴趣的呼唤，追随兴趣的选择。做自己最喜欢做的工作，更容易获得成功。

要把创新和创业精神当作一种常态

【德鲁克语录】

管理者必须把创新和创业精神作为工作的常态和持续进行的活动。

【活学活用】

　　每个人的价值都是一个变数。今天你可能是一个价值很高的人，但如果你故步自封，明天你就会贬值，被一个又一个智者和勇者超越。今天你也可能做着看似卑微的工作，人们对你不屑一顾，而明天你可能通过知识的不断丰富和能力的提高，以及修养的升华，让世人刮目相看。促使发生这种变化的唯一力量就是不断提升你的工作价值。而提升的方法就是不断创新和永不停止的进取精神。

　　外表温文、满脸带笑的吴士宏曾经是北京一家医院的普通护士。用吴士宏自己的话说，那时的她除了自卑地活着，一无所有。她自学高考英语专科，在她还差一年毕业时，她看到报纸上 IBM 公司在招聘。吴士宏虽然没有高学历，也没有外企工作的资历，但她有一个信念，那就是"绝不允许别人把我拦在任何门外。"

　　靠着不断进取的意识，吴士宏顺利地迈入了 IBM 公司的大门。进入 IBM 公司的吴士宏不甘心只做一名普通的员工，因此，她每天比别人多花 6 个小时用于工作和学习。于是，在同一批聘用者中，吴士宏第一个做了业务代表。接着，同样的付出又使她第一个成为本土的经理，然后又成为第一批去美国本部做战略研究的人。最后，吴士宏又成为 IBM 华南区的第一个总经理。这就是付出的回报。

　　1998 年 2 月 18 日，吴士宏被任命为微软（中国）有限公司总经理，全权负责包括香港在内的微软中国区业务。据说为争取她加盟微软，国际"猎头公司"和微软公司做了长达半年之久的艰苦努力。吴士宏在微软仅仅用 7 个月的时间就完成了全年销售额的 130%。

　　在中国信息产业界，吴士宏创下了几项第一：她是第一个成为跨国信息产业公司中国区总经理的内地人；她是唯一一个在如此高位上的女性；她是唯一一个只有初中文凭和成人高考英语大专文凭的总经理。在中国经理人中，吴士宏被尊为"打工皇后"。正是这种不安于现状、主动努力的进取精神，成就了吴士宏事业上的辉煌。

超越和进取是一种拒绝平庸的生活态度。比尔·盖茨为什么能够成为世界首富，那是因为他不安于做美国首富。苹果电脑公司创始人之一史蒂夫·乔布斯之所以在1980年就能够拥有数亿元资产，25岁时成为美国有史以来最年轻的靠白手起家成长起来的富翁，并成为白宫的座上宾，被里根总统称作"美国人心目中的英雄"，那是因为他不安于做一个高薪打工仔。

创新和创业精神是取得超越的重要武器。比尔·盖茨曾说，如果我们停止了创新和进取，我们将会死亡。苹果公司一直都是激情的代名词，乔布斯历来被同行称之为创新狂人。苹果公司的员工从来不会为昨天的成就而沾沾自喜，他们眼中永远在寻找如何超越现有成就的方法。任何人如果不想使自己的价值在明天贬值，就必须进行创新性工作并始终保持创业精神，从而始终使自己不断获得新的成就。

要想卓越，就要敢于承担重要的工作

【德鲁克语录】

只有接受了重要的工作后，才会觉得自己的重要。

【活学活用】

在公司发展的关键时刻挺身而出，这是优秀管理者的共性。

很多成功的职业经理人就是因为在关键时刻的卓越表现而拥有了职业提升的资本和良机。只有承担了重要的工作，管理者才可能实现卓越。

琼斯是一家高新科技公司的职员。他很清楚公司现在面临的处境：公司刚刚开发出一种新产品但还没开始大规模生产的时候，竞争对手就马上推出一种和这种产品十分类似的新产品，而且价格比自己公司产品的成本还要低。过去的一个大客户突然宣布破产，它欠公司的大笔债务也因此而泡汤。尤其雪上加霜的是，公司的许多原材料供应商都抬高了价格。

琼斯意识到公司现在正处于举步维艰的阶段，很多同事都已经离开了公司，在留下来的同事中有一部分实际上也在准备另谋高就，即使现在还待在公司里的员工也是人心惶惶，大家的心思根本就没有放在工作上。看到公司现在的情况，琼斯十分痛心，但是他知道那解决不了任何问题。

几天来，他一直在考虑如何尽自己的最大努力帮助公司减轻负担。琼斯想到了妻子的导师，一位很出名的老教授。于是，他很快找到了产品研发部经理，并带着他来到了那位老教授的家里，通过和老教授长时间磋商，那位老教授答应和他们公司合作开发一种更加物美价廉的新产品。

同时，因为琼斯在公司负责售后服务部，他趁着公司的事情暂时不多，把所有的售后服务人员都组织起来，让他们主动到老客户那里进行产品维修和维护工作。几个月之后，公司和老教授合作开发的新产品成功上市了，这种新产品受到了人们的热烈欢迎，竞争对手们对此措手不及。

老客户们纷纷表示要继续和公司保持长期的合作关系，而且他们还为公司带来了许多新客户。最后，琼斯所在的公司终于走出了困境。因为琼斯对公司的杰出贡献以及在这段时间表现出的巨大潜能，公司总经理提议提升琼斯为公司的营销总监，这项提议很快就被公司董事会通过了。

我们都听过毛遂自荐的故事。战国时期，秦国攻打赵国，把赵国的都城邯郸围困起来。在这危急关头，赵王决定派自己的弟弟平原君赵胜代替自己到楚国去，请求楚国出兵抗秦，并和楚国签订联合抗秦的盟约。毛遂自荐请愿追随平原君一起前往，踏上了前途未卜之路。

平原君与楚王的和谈迟迟没有进展，站在台下的毛遂手按剑柄，快步登上会谈的大殿。毛遂对平原君说："两国联合抗秦的事，道理是十分清楚的。为什么从日出谈到日落，还没有个结果呢？"最终他凭借三寸不烂之舌说服楚王与赵国订立盟约。平原君回到赵国后，把毛遂尊为宾客，十分重用他。

在关乎公司发展存亡的关键时刻，千万不要在心里说：反正不是我的事，再说了还有别人，我干吗出头，做吃力不讨好的事。不要以为自己现在还处于公司最低层就人微言轻，就不敢去做，犹豫徘徊。面对问题不要退缩，主动地承担起自己的责任. 关键时刻挺身而出，这才是忠于公司的最好表现。

Part 8

德鲁克说
每个人的职业生涯都需要管理

人生必须有目标，而赚钱是最坏的目标。只有当你把"做好事业，追求卓越"作为自己一生追求的目标时，你会获得比金钱更多、更重要的东西。

追求卓越是自我提升要了解的首要课题

【德鲁克语录】

追求卓越是自我成长的第一个命题，它能为我们带来成就感和自尊。

【活学活用】

德鲁克说："卓有成效的管理者正在成为社会的一项极为重要的资源，能够成为卓有成效的管理者已经成了个人获取成功的主要标志。"正是源自对卓越的孜孜追求，许多富豪仍在孜孜不倦地工作。

据《福布斯》估计，截止到2004年，比尔·盖茨的个人净资产大约是480亿美元。如果他和他太太每年用掉一亿美元也要480年才能用完这些钱——这还没有计算这笔巨款带来的巨大利息。那他为什么还要每天工作？

著名导演斯蒂芬·斯皮尔伯格的财产净值估计为10亿美元，不像比尔·盖茨那么多，不过也足以让他在余生享受优裕的生活了，但他为什么还要不停地拍片呢？

美国威尔康姆公司董事长萨默·莱德斯通在63岁时开始着手建立一个很庞大的娱乐商业帝国。63岁在多数人看来是尽享天年的时候，他却在此时做了很重大的决定，让自己重新回到工作中去。而且，他总是一切围绕威尔康姆转，工作日和休息日、个人生活与公司之间没有任何的界限，有时甚至一天工作24小时。你想他哪来的这么大的工作热情呢？

诸如此类的例子还有很多。那些拥有了巨额"薪水"的人们，不但每天工作，而且工作相当卖力。如果你跟着他们工作，一定会为工作时间太长而感到精疲力竭。那么，他们为何还要这么做，是为钱吗？

还是看看萨默·莱德斯通自己对此的看法："实际上，钱从来不是我的动力。我的动力源自于我对事业的热爱，我喜欢娱乐业和我的公司。我有一种愿望，要实现生活中最高的价值，尽可能地实现。"

追求卓越并不排斥物质利益，但许多成功人士在追求卓越的道路上，往往会忘记物质利益。

炎热的一天，大卫·安德森和他的伙伴们正在铁路的路基上工作，突然遇见了前来视察工作的老朋友——铁路总裁吉姆·墨菲。他们两个进行了长达一个小时的愉快交谈，然后热情地握手道别。

大卫·安德森的同事立刻包围了他，他们对于他是墨菲铁路总裁的朋友这一点感到非常震惊。大卫解释说，20多年前，他和吉姆·墨菲是在同一天开始为这条铁路工作的。

其中一人半认真半开玩笑地问大卫："为什么你现在仍在骄阳下工作，而吉姆·墨菲却成了总裁？"大卫非常惆怅地说："23年前，我只是为1小时1.75美元的薪水而工作，而吉姆·墨菲却是为这条铁路工作。"

美国"钢铁大王"安德鲁·卡内基在33岁那年就建立了美国最大的钢铁公司。在这一年，他在备忘录里写下了这样的话：人生必须有目标，而赚钱是最坏的目标。只有当你把"做好事业，追求卓越"作为自己一生追求的目标时，你会获得比金钱更多、更重要的东西。

我们每一个人的成长都和别人无关

【德鲁克语录】

承担自我成长责任的，不是上司，而是自己。

【活学活用】

成长也是工作的主题之一，无论供职于任何企业，每个人都需要成长。但需要每个人都要认清的成长现实是：老板不负责你的成长，如何提升自己及获得怎样的成就，完全依靠自己的付出。

张强很不满意自己的工作，他愤愤不平地对朋友说："我在公司里的工资是最低的。并且，老板也不把我放在眼里，如果再这样下去，我就辞职不干了。""你对公司的业务流程熟悉吗？对于他们所做的电子商务的窍门完全弄清了吗？"他的朋友问他。

"没有，我懒得去钻研那些东西。"张强漫不经心地回答他的朋友。"我建议你先静下心来，抱着积极的态度，认认真真地对待自己的工作，好好地把他们的业务技巧、商业秘诀、客户特点完全搞通，甚至包括怎么签订合同都弄懂了之后，再作决定，这样，你可能会有许多收获。"

张强听从了朋友的建议，一改往日散漫的习惯，开始积极地投入到工作之中。还常常在下班后，在办公室里研究商业文书的写法。半年后，他和那位朋友又聚到了一起。"你现在大概都学会了，是不是准备拍桌子不干了？"那位朋友问他。

"可是，这几个月来，老板对我刮目相看。最近，更是委以重任，又升职，又加薪，我都快成公司里的红人了。所以，我想留下来继续发展，不打算跳槽了。"张强乐呵呵地对他的朋友说。"这种情况，我早就料到了。"他的朋友也笑着说，"当初你的老板不重视你，是因为你对待工作自由散漫、敷衍了事，又不努力学习，觉得不会有什么作为。现在，你工作态度这么积极，担当的任务多了，能力也强了，老板当然会对你刮目相看了。"

从这个事例中可以看出自我发展的速度和高度完全取决于自己的努力。德鲁克将员工的自我发展区分为内在的和外在的两个方面的表现形式。内在的发展，就是指员工能力与技术的获取；而外在的发展则是指员工能够胜任更重要的工作。他认为，"这两种发展必须兼顾、平衡进行"，并提醒我们，专注工作、负起责任、拥有自信这三种循环，必须要呈螺旋状向上发展才行。

专注工作，意味着要"业精于勤"；负起责任，则要求我们要在自己的职权范围内大胆发挥，主动积极；拥有自信，是要求我们要在挑战面前不胆怯，在失败面前不气馁，勇于追求成功。这三个循环条件是息息相关，相辅相成，它决定着我们能否最终实现自我价值。同时也告诉我们，如果我们对自身的发展不满，就要从自身上找问题，而不是归咎于外部环境或公司。

只有强烈的责任感才是获得成就的关键

【德鲁克语录】

对每个人的成长而言，最重要的不是职位，而是责任感。

【活学活用】

在任何一家公司，只要你努力工作，认真、负责地对待每一件事情，你就会受到重用，从而获得更多的自尊心和自信心。不论你的工资多么低，不论你的老板多么不器重你，只要你能忠于职守、毫不吝惜地投入自己的精力和热情，渐渐地，你会为自己的工作感到骄傲和自豪，就会赢得他人的尊重。

格林大学毕业之后在一家保险公司做业务代表。这是一项很让人头痛的工作，因为很多人都对保险业务员敬而远之，所以，格林的工作开展起来很困难。

办公室的其他业务员整天对自己的工作抱怨不停："如果我能找到更好的工作，我肯定不会在这里待下去。""那些投保的人，太可恶了，整天觉得自己上当了。"当然，这些人只能拿到最基本的薪水。只有在业务部经理的催促下，或者是"胡萝卜加大棒"的政策下，他们才有一点点进步，否则就是原地踏步或者在退步。

唯有格林和他们不一样。尽管格林对现状也不是很满意，薪水不高，地位不高，但是格林没有放弃，因为他知道，与其说是放弃工作，不如说是在放弃自己。在这个世界上，没人强迫你放弃自己，除非你主动为之。格林还相信，努力是没有错误的，努力还会让平凡、单调的生活富有乐趣。

　　于是，格林主动去寻找客户源。他熟记公司的各项业务情况，以及同类公司的业务，对比自己公司和其他同类公司的不同，让客户自己去选择。虽然一些人很希望多了解一些关于保险的常识，但是他们对保险业务员的反感使他们在这方面的知识很欠缺。格林知道这些情况之后，主动在社区里办起"保险小常识讲座"，免费讲解。

　　人们对保险有了更多的了解，也对格林有了好印象。这时，格林再向这些人推销保险业务，大家没有反感，而是乐于接受。格林的工作业绩突飞猛进，当然薪水也有了很大的提高。

　　格林的成功说明了这样一个道理：努力工作就是对自己负责，这也是为什么格林能获得成功，而其他人却碌碌无为的原因。当你尝试着对自己的工作负责时，你就会发现，你还有很多的潜能没有发挥出来，你要比往常的自己出色很多倍，你会在平凡单调的工作中发现很多的乐趣，最重要的是你的自信心还会得到提升，因为你能做得更好。

　　生活总是会给每个人回报的，无论是荣誉还是财富，条件是你必须转变自己的思想和认识，努力培养自己尽职尽责的工作精神。一个人只有具备尽职尽责的精神之后，才会产生改变一切的力量。工作的底线是尽职尽责。改变态度，努力培养自己勇于负责的精神，你将成为工作与生活中的赢家。

一定要努力改善自己的工作方法

【德鲁克语录】

　　改变自己很难成功，但是，一定要努力改善自己的工作方法。

【活学活用】

很多人之所以没有成功，原因就在于方法不对。成功的人往往都是善于找方法的人。

在 20 世纪 60 年代中期，杜德拉在委内瑞拉的首都拥有一家很小的玻璃制造公司。可是他并不满足于干这个行当，他学过石油工程，他认为石油是个赚大钱的工作，而且能充分施展自己的才干。

有一天，他从朋友那里得到一则信息，说是阿根廷打算从国际市场上采购价值 2 000 万美元的丁烷气。得此信息，他充满了希望，认为跻身于石油界的良机已到. 于是立即前往阿根廷活动，想争取到这笔合同。去后，他才知道早已有英国石油公司和壳牌石油公司两个老牌大企业在频繁活动了。无疑，这已是十分难以对付的竞争对手，更何况自己对经营石油业并不熟悉，资本并不雄厚，要成交这笔生意难度很大。他没有就此罢休，而是采取迂回战术。

一天，他从一个朋友处了解到阿根廷的牛肉过剩，急于找门路出口外销。他灵机一动，感到机会来了，这等于给他提供了同英国石油公司及壳牌公司同等竞争的机会，对此他充满了必胜的信心。他旋即去找阿根廷政府。当时他虽然还没有丁烷气，但他确信自己能够弄到，他对阿根廷政府说："如果你们向我买 2 000 万美元的丁烷气，我便买你们 2 000 万美元的牛肉。"当时，阿根廷政府想赶紧把牛肉推销出去，便把购买丁烷气的投标给了杜德拉，他终于战胜了两个强大的竞争对手。

投标争取到后，他立即筹办丁烷气。他随即飞往西班牙，当时西班牙有一家大船厂，由于缺少订货而濒临倒闭。西班牙政府对这家船厂的命运十分关切，想挽救这家船厂。这一则消息，对杜德拉来说，又是一个可以把握的好机会。他便去找西班牙政府商谈，杜德拉说："假如你们向我买 2 000 万美元的牛肉，我便向你们的船厂订制一艘价值 2 000 万美元的超级油轮。"西班牙政府官员对此求之不得，当即拍板成交，马上通过西班牙驻阿根廷使馆，与阿根廷政府联络，请阿根廷政府将杜德拉所订购的 2 000 万美元的牛肉，直接运到西班牙来。

杜德拉把 2000 万美元的牛肉转销出去之后，继续寻找丁烷气。他到了美国费城，找到太阳石油公司，他对太阳石油公司说："如果你们能出 2 000 万美元租用我这条油轮，我就向你们购买 2 000 万美元的丁烷气。"太阳石油公司接受了杜德拉的建议。从此，他便打进了石油业，实现了跻身于石油界的愿望。经过苦心经营，他终于成为委内瑞拉石油界的巨子。

俗话说："兔子靠腿狼靠才，各有各的谋生法。"在职场中善于寻找方法创造机会，能让许多困厄变成有利的条件，为我们创造更多可以游刃职场的资源。身在职场，一定要注意困难中潜藏着的有利条件，主动寻找方法发挥其能量。

卓越都是从苛求每一个细节开始的

【德鲁克语录】

如果一个人想要有所成就，就要有一颗苛求细节的心。

【活学活用】

我们常说要追求卓越，其实卓越就是苛求细节的最高表现。

卓越并非高不可攀、遥不可及，只要我们认真做，尽职尽责地做好工作中的每一件小事，并把它做精做细，都可以到达卓越的顶峰。

唐骏可以说是当今 IT 界的"金领"。他刚进微软时，是做最基层的程序员，成为微软这个大蜂巢里千千万万的工蜂之一。

微软当时正在开发 Windows，先做英文版，然后由一个 300 多人的大团队开发成其他语言版本。以中文版为例，并不只是翻译菜单那么简单，许多源代码都得重新改写。比如 Word 里打完一行字自动换行，英文是单字节的，中文却是双字节，如果照英文版来，一个"好"字，可能"女"在上一行末尾，"子"就到了下一行开头。为此，50 个人不懈努力修改了大半年，才改出称心的中文版。所以最初 Windows 上市后，中文版过了九个月才上市；到了 Windows3.1，中文版上市时间更是滞后了一年多。

埋头开发十个月后，唐骏越想越觉得不对劲：常年雇那么多人做新版本，成本太高；全球各语言版本推迟那么久上市，实在是贻误良机。能不能改进一下？下了班，唐骏开始动脑筋，琢磨怎样才能解决问题。半年后，他写出几万行代码，反复运行，证明他的程序经得起检验，才找老板面谈。公司又花三个月认证，于是，原先的 300 人团队一下缩到了 50 人。

凭借这个业绩和表现出来的对待工作精益求精的精神，唐骏得到了提升，在微软一直做到微软（中国）总裁的位置，也得到了微软很少颁发的"比尔·盖茨终生成就奖"。

唐骏的事例给人这样一种启发：一个人尽职尽责、追求完美，才会发掘出自身的潜力，取得优异的业绩。而对待工作得过且过的人，纵然才华横溢，也会逐渐流于平庸。所以，任何人都需要在工作中激发出自身的潜力，以完美的状态投入到工作中去，这样就会成为公司里的佼佼者。

在古罗马，雕刻是一种很普遍的职业，如果一个人的家里或工作场所没有雕刻的艺术品来装饰，就会被认为很落伍。有一位雕刻师被当地的人们称为"雕刻圣人"，人们都以收藏有他的雕刻作品而感到骄傲。

一次，有一位学者想要探求这位雕刻师具有如此精湛技艺的秘诀。"雕刻圣人"带他来到了一间堆满了雕刻半成品的仓库，学者感到不解，雕刻师告诉他："并非我所有的作品都是鬼斧神工之作，人们认为我的雕刻技艺精湛的原因只不过是我会让那些劣质的作品永远不要从仓库跑到商店。"

由此，我们知道世间本没有"圣人"。"圣人"的产生均是因为一颗追求精益求精之心。要想取得成就，凡事都要高标准、严要求、尽心尽力、精益求精。只有这样，才能取得别人难以获得的成功。

工作不是生活的全部，却是最重要的部分

【德鲁克语录】

每个人都应该把生活的重心放到一份能够创造成就的工作上。

【活学活用】

德鲁克认为，工作虽然不是生活的全部，但它应该是生活中最重要的一部分，应该是生活的重心所在。如果一个人不能获得工作上的成就，我们很难相信他的人生会取得令人称赞的成功。取得非凡的工作业绩，并不简单。凡是渴望获得工作成就的人，必然会保持最旺盛的工作热情和最忘我的

工作态度。

鲍勃是一家外资企业的副总经理。他是一个非常热爱工作的人，他说他只有在工作中才能找到人生的成就感。因为对工作认真，他每天都有成堆的事情要做，这个要思考，那个要琢磨。他有一句口头禅：由我负责的事就必须做好，必须高人一筹。

他的朋友吉米劝他，有些事完全可以分派给下属去做，不必事事亲力亲为。鲍勃也想这么做，让自己放松放松，但是一到工作时就忘了。他说如果完全把事情交给下属去做，他总是担心下属不能按照自己的想法完成，最后把事情办砸了，或者结果达不到他想要的程度。所以即使是事情交给别人去做了，鲍勃仍要不停地督促。

在鲍勃看来，优秀是工作的最低要求，他在从事每一项工作之前都要为自己定下一个略高于优秀标准的目标，只要自己经手的每一件事情都要达到这个水准，绝不容许出现任何差错。这种心态促使他全力以赴地履行每一个工作行为。事实上，渴望创造成就正是他不断获得成就的动力之源。一个人在工作上，并不是因为聪明而有了成就，成就是建立在对工作的热爱、奋斗和热情上的。

多年前，一个年轻人来到一家著名的酒店当服务员。这是他涉世之初的第一份工作，因此，他很激动地暗下决心：一定要竭尽所能地工作，绝不辜负老板和家人的期望。可他怎么也想不到在新人受训期间，上司竟然安排他洗马桶！从那以后，他心灰意冷，一蹶不振。

而在这关键时刻，单位里一位"前辈"及时地出现在他的面前，她一句话也没有说，亲自洗马桶示范给他看。等到洗干净了，她从马桶里盛了一杯水，当着他的面一饮而尽！她用实际行动告诉他：经她洗过的马桶，不仅外表光洁如新，里面的水也是一干二净的。

从此，他脱胎换骨成为一个全新的人，他的工作质量达到了无可挑剔的高水准。终于有一天，他也可以当着别人的面，从自己洗过的马桶里盛一杯水，眉头不皱一下地喝下去。后来，他成了世界旅馆业大王，他的事业版图遍布全球，他的一切成就都得益于他永不停顿的追求卓越之心。

他就是康拉德·N·希尔顿。

这个故事在美国可谓妇孺皆知，它成为诠释敬业精神的最佳典范。如果你只是为老板工作、只为获得老板的薪水工作，那么，也许你能做到的只是去洗马桶：如果你不仅为薪水工作，还为自己工作，并且满怀激情把老板的事业当成自己的事业，即使你去洗马桶，也是一个最优秀的洗马桶者！

刷新对工作的认识，才能发挥最大的潜能

【德鲁克语录】

只有经常刷新自己对工作的认识，才能发挥出自己最大的潜能。

【活学活用】

在工作中，很多人都以为自己做得已经足够好了，真的是这样吗？德鲁克认为，一名称职的员工不应当满足自己的工作表现，而是应当不断地突破自我，追求尽善尽美。这是实现自我提升当中一个很重要的步骤。自我督促能够让人感到兴奋和充满活力，时刻充满着渴望向更高要求挑战的勇气。

　　罗素·康威尔说过："成功就是一个人能力极致的发挥"。他认为一个人的成功是一个不断打破自我极限，充分发挥自我潜能，不断追求自身最完美表现的过程。一个人只有不断打破自我认知和能力上的局限，只有敢于主动超越自我，才能让自己取得更新、更大的成功。

　　然而超越自我并不是一件简单的事情。美国大发明家爱迪生有过一千多项发明，被誉为发明大王，但他晚年却固执地反对交流输电，一味主张直流输电。电影艺术大师卓别林创造了生动而深刻的喜剧形象，但他却极力反对有声电影。爱迪生和卓别林都是大师，但很可惜，他们都没有能够做到超越自我。由此可见，要做到超越自我，是非常难的一件事。

　　但是芭芭拉·史翠珊却做到了。芭芭拉·史翠珊在演艺事业达到巅峰之际，突然决定制作并执导《Yentl》这部电影。"你怎么会想到要这么做？"她身边的朋友都很不解。

　　"我并不是为成名或是发财才制作这部电影，"芭芭拉·史翠珊说，"我已经名利双收了，我之所以制作这部电影，是因为有天晚上我梦到自己死了，上帝把我生前真正具有的潜能展示在我面前，并且告诉我有些其实可以做，但是却因为自己太过胆怯而没有动手的事情，那时候我就下定决心，就算这部电影会耗费我所有的积蓄，我也要放胆去做。"

　　芭芭拉，史翠珊决定超越自我，以此来走向更新、更大的成功。在她看来，成功没有终点。德鲁克认为，经常更新对工作的认识，是实现卓有成效的必然要求。终生成功的人会在突破短期目标的"终点"后，继续追求新的挑战以及更大的满足，并且将此融入生活中。我们的人生志向并不是超越别人，而是在于超越自己——刷新自己的纪录，使自己能够达到自身的极致境界。

创造别人意想不到的成功才有更多的机会

【德鲁克语录】

要想真正获得自我更新，就要去创造别人意想不到的成功。

【活学活用】

许多成功的人都知道要想使自己平凡的工作不再平凡，一个道理——超过别人所期望你做的，你会如愿以偿。这种额外的工作可以使人对本行业拥有一种宽广的眼界，与此同时获得更多的机会。

美国一位年轻的铁路邮递员和其他邮递员一样，用陈旧的方法分发着信件。大部分的信件都是凭这些邮递员不太准确的记忆拣选后发送的，因此，许多信件往往会因为记忆出现差错而无谓地耽误几天甚至几个星期。于是，这位年轻的邮递员开始寻找另外的新办法。

他发明了一种把寄往某一地点去的信件统一汇集起来的制度。就是这一件看起来很简单的事，成了他一生中意义最为深远的事情。他的图表和计划吸引了上司的广泛注意，很快，他获得了升迁的机会。五年以后，他成了铁路邮政总局的副局长，不久又被升为局长，从此踏上了前往美国电话电报公司总经理的路途。他的名字叫西奥多·韦尔。

做出一些出人意料之外的成绩来，尤其留神一些额外的责任，关注一些本职工作之外的事——这就是韦尔获得成功的原因。能在旷日持久的平凡工作中孕育伟大，在重复单调的工作中享受生活，才是工作最大的意义。所以，我们要努力在平凡的岗位上创造出不平凡，把简单的事情做得不简单。

萨姆是一家连锁超市的打包员，日复一日地重复着几乎不用动脑甚至技巧也不复杂的简单工作。但是，有一天，他听了一个主题为"建立岗位意识和重建敬业精神"的演讲，便想如何通过自身的努力使自己的单调工作变得丰富起来。

他让父亲教他如何使用计算机，并设计了一个程序，然后，每天晚上回家后，他就开始寻找"每日一得"，输入微机，再打上好多份，在每一份的背面都签上自己的名字。第二天，他给顾客打包时，就把这些写着温馨有趣或发人深省的"每日一得"纸条放人买主的购物袋中。

结果，奇迹发生了。一天，连锁店经理到店里去，发现萨姆的结账台前排队的人比其他结账台多出3倍！经理大声嚷道："多排几队！不要都挤在一个地方！"可是没有人听，顾客们说："我们都排萨姆的队——我们想要他的'每日一得'。"一个妇女走到经理面前说："我过去一个礼拜来一次商店。可现在我路过就会进来．因为我想要那个'每日一得'。"

一个普通的小职员萨姆的创造激发了很多人的灵感：在花店中，员工要是发现一朵折坏的花或用过的花饰，他们会到街上把它们给一个老太太或是小女孩戴上。一个卖肉的员工是史努比的发烧友，就买了5万张史努比的不干胶画，贴到每一个他卖出的货物上。

著名的企业家彭尼说："除非你希望在工作中超过一般人的平均水半，否则你便不具备在高层工作的能力。"每个年轻人都应该尽力去做一些他职责范围以外的事，而且要比别人做得更多更彻底，只有这样，你才能将辛劳的汗珠变成丰收的蜜汁。

要认识到自己的长处究竟在什么地方

【德鲁克语录】

你的长处在哪里，这是认识自己时最为重要的一个命题。

【活学活用】

德鲁克认为，想把工作做得卓有成效，就必须从自己的优势和长处出发。不能让猪去唱歌，兔子学游泳。最正确的做法是：小兔就应跑步，小鸭子就该游泳，小松鼠就得爬树，想成功就要扬长避短。

诺贝尔奖获得者无疑都是取得杰出成就的人士，总结其成功之道，除了超凡的智力与努力之外，扬长避短、最大程度发挥自己的优势，可以说是十分重要的一环。爱因斯坦偏向直觉思维，他就没有选择数学而是选择更需要直觉的理论物理作为事业的主攻方向。

曾是美国 NBA 夏洛特大黄蜂球队队员的博格士从小就立志要加入 NBA，然而他的身高仅有 1.60 米，他的梦想招致了无数人的嘲笑。但他并没有放弃，凭借"矮个子"重心低、控球稳的优势，经过艰苦努力，终于成为 NBA 中一位优秀的球员。大量的事实说明，一个人有短处并不可怕，关键是要学会扬长避短。若能如此，成功并不遥远。

中国著名乒乓球世界冠军邓亚萍从小就个子偏矮，到了十三四岁时，1.5 米的身高几次被国家队挡在大门之外。当时，众多教练都不看好她。然而，不服输的她从此更加刻苦训练，凭借自己的速度、力量、技术和过硬的心理素质，终于登上冠军的宝座，让五星红旗一次又一次高高飘扬在竞赛场上。那一刻，泪水布满了眼眶，她用胜利的强音向世界宣告：一个善于扬长避短的人，一定会迎来成功的喜悦！

美国作家海伦在两岁时聋、哑、盲，巨大的生理缺陷让几乎所有人都认为这孩子成不了大器，唯独海伦自己对生活充满信心。没有视觉和听觉无疑是不幸的，然而也正是在这黑暗而又无声的世界里，她少了一份焦躁和不安，铸就了一颗特别纯洁的心灵，这就是海伦的优势。她能够用心灵去发现世界上的美，用心灵去感受自然界的美，终于凭借其坚韧不懈的奋斗，成为世界最著名的作家之一。

成功者向命运挑战的经历向我们证明：如果你能扬长避短、顺势而为地将自己的优势发挥得淋漓尽致，就会事半功倍，如鱼得水。因而，你应该知道自身优势是什么，并将自己的生活、工作和事业发展都建立在这个优势之上，这样方能成功。认识到自己的长处在哪里，既是首要命题，更是关键命题。

发挥自己的长板，而不是补缺短板

【德鲁克语录】

从"毫无能力"进步到"马马虎虎"所需耗费的精力，远比从"一流表现"进步到"卓越境界"所需的功夫更多。

【活学活用】

德鲁克说，在许多领域，我们往往缺乏天分，毫无能力，就连勉强做到"马马虎虎"都不容易。对于这些领域，就不必再徒耗心力去试图改进。在追求成功的道路上，最为重要的不是补短，而是扬长。

某科研单位同时从一高校招聘了五名应届毕业生，其中三名是博士，一名是硕士，一名是本科生。那名本科生是女生，其余四名是男生。女生向来很难分配工作，这名女生是学校搭着四名男生分配来的，学校的条件是：该科研单位要四名高学历男生，就必须搭一名本科女生。

学历最低，又是女性；而且是学校搭配分配的——也就是单位被迫接纳的，她进入工作岗位的第一天，就感觉到自己根本不被单位重视，几乎是一个可有可无的人。她为此十分苦恼，并且觉得前途无望。甚至，她还产生了离职的想法，本科学历也不算低，如果到一个本科生少的单位里，也许还能得到重视。

就在她决心已定时，她的一位老师对她说："在大自然中，有一种动物叫兔子，它没有狮子那样的尖牙利爪，没有大象那样硕大的块头，倒是有很多天敌——狼、鹰、狐狸、毒蛇等，可兔子却并没有在这个世界上消失，反而是生生不息。这是为什么呢？这是因为兔子发挥了自己奔跑的长处，当天敌出现时，它们便拼命地奔跑，它们跑动的路线呈'z'字形，天敌常常很难抓住它们。现在，你身边的博士、硕士，就如同丛林里的大象或狮子，而你则如同一只小兔，你为什么不发挥你的长处呢？"

她决定留下了，并且认真分析和发挥了自己的长处。十年过去后，一切都发生了变化，她已经成了单位的科研主任，和她一起参加工作的三名博士和一名硕士.是她领导下的科研骨干。她的长处是什么？她的长处是组织管理能力。当她发现自己在专业造诣方面无法取胜时，她充分发挥了自己在组织管理方面的优势，而单位里一直就缺乏把众多科学家组织在一起，科学地领导他们、整合他们力量的领导者。

奥托·瓦拉赫是诺贝尔化学奖获得者。在开始读中学时，父母为他选择的是一条文学之路。不料，一个学期下来，老师为他写下了这样的评语："瓦拉赫很用功，但过分拘泥，这样的人绝不可能在文学上有所成就。"

父母只好尊重儿子的意见，让他改学油画。可瓦拉赫既不关心构图，又不会润色，对艺术的理解力也不强，成绩在班上倒数第一。学校的评语更是令人难以接受："你在绘画艺术领域是不可造就之才。"

面对如此"笨拙"的学生，大部分老师认为他成才无望。只有化学老师认为他做事一丝不苟，具备做好化学试验应有的品质，建议他学化学。于是，瓦拉赫改学化学，他智慧的火花一下子被点燃，在同学当中遥遥领先……瓦拉赫后来成为举世闻名的化学家。

瓦拉赫的成功说明了人的智能发展不是均衡的，都有优点和弱点。一个人一旦找到自己智能的最佳点，便可能取得惊人的成绩。所以，一定要想方设法发挥自己的优势，而不是全力弥补自己的劣势。

任何时候都要掌握平衡工作与生活的艺术

【德鲁克语录】

如果一个人把工作看作是生命的全部，那么他就会竭尽全力保持住在公司的位子，就会打压潜在的竞争者。

【活学活用】

现代社会里如何平衡自己的生活，做到工作和生活兼顾，是每个人都要面临的严峻问题。在我们的整个人生当中，工作占据了很大部分，工作也成了重要价值和意义的体现。但是，工作上，不管你是医生、律师、会计、出纳、司机，你演的只是职务的角色；而回到真实生活里，你要演的是自己，这个世界上有很多有趣、有意义的事，值得去发现、去探索、去研究，工作只是其中的一部分而已，我们千万不能因为只顾工作而失去生活，失去快乐，那样是得不偿失的。

阿尔伯特是美国一名著名的演说家及作家，每天都要乘飞机或者火车到世界各地去采访、演讲。有一次他应邀到日本去演讲，搭乘大阪往东京的新干线，在快到新横滨时，由于铁路的转辙器故障，被迫停驶。车长在车内广播："各位旅客，对不起，由于铁路临时发生故障，需暂停20分左右，请各位旅客稍候，谢谢！"阿尔伯特是个急性子的人，刚开始有一些烦躁不安，电车停驶20分钟，对于一个注重效率，时间又十分宝贵的人来说无疑是十分痛苦的损失。

但是20分钟过去，并且都快30分了，电车一点也没有要发动的迹象，正当他愈来愈焦躁不安时，车内又再度广播："很抱歉，请再稍候一会儿。"故障修理大概很费工夫吧！然而就在这瞬间，他改变了惯常的想法，心想，焦躁也无济于事，不如找些别的事做。

阿尔伯特在看完手边的周刊杂志和书后，就去拿备置的《时事周刊》开始阅读。车内的乘客，大概有很多是忙人，他们焦躁地到处走动，向车长询问一些事情。阿尔伯特回忆这次特别的经历时说："电车由原先预定的延迟时间20分钟，变成一小时、两小时，最后慢了三小时，因此抵达东京时，我几乎看完了那本报道卡特前总统全貌的《时事周刊》。假如火车依照时间准时到达东京；或许我就无法获得有关卡特前总统的详细知识。而且，假设我又是位没有'游戏'和'从容'心态的人，这三小时，除了焦躁不安，不断抽烟外，就没有什么事好做了。"

阿尔伯特是现代效率社会的佼佼者，这一点从他蒸蒸日上的事业和忙碌的身影就可以看得出来，然而自从他有了这次电车上的经历之后，他获得了一个重要的启示：一个人要及时地从社会以及身边的人营造的追求效率的氛围中走出来，以一种从容和游戏的心情来面对自己的生活，不要时刻都让效率之弦绷得太紧，否则就容易为自己带来过多的压力和挫败感。这样，你就会感觉你背负着重重的包袱，不会体会到轻松快乐。

世界上并不存在十全十美的工作，但富有意义的生活却掌握在我们每个人的手中。工作是工作，生活是生活，两者应该尽可能地区分开来。要做一个真正懂得生活之道的人，就要把握好生活的节奏，掌握住工作和生活的平衡。唯有如此，你的生活才能轻松惬意，你才能享受到真正的幸福与快乐。

将各种变化和挑战作为工作的常态

【德鲁克语录】

有时候一个变化，无论是微变还是巨变，都能对人产生刺激作用。

【活学活用】

人往往习惯于在自己所熟悉、所擅长的领域发展，而对陌生领域，则抱一种恐惧的态度。其实每个人都具有无限的潜力，勇于挑战自己的不足，敢于主动创造变化，就能将自己的潜力转化为现实的实力。

美国棒球界著名人物里奇是一个喜欢寻找挑战的杰出人物。他曾任圣路易斯红衣队、布鲁克林道奇队以及匹兹堡海盗队的教练，并率领这三支球队取得了不凡成绩。在庆祝他的棒球生涯五十周年晚会上，一名记者这样问他："在美国棒球界驰骋了半个世纪，你的最大收获是什么？"面对这个问题，里奇皱起眉头回答道："我不知道，因为我还没有退休！我还在继续！"

虽然已经成绩不凡，但他绝不以已经取得的成绩作为终点，他的语气告诉我们，只要生命不止，他将不断向新的目标挑战。

然而有人常常感叹：面对相同的境遇，拥有相近的出身背景，持有相同的学历，付出同样的努力，为什么有的人能够脱颖而出，而有的人只能流于平庸？为什么有的人能够飞黄腾达，演绎完美人生，而有的人只能一败涂地、满怀怨恨而终？答案很简单，就是有人天性懦弱，有人敢于挑战。

1926 年，毕业于东京大学法律系的在村文年进入"三菱矿业"成为一名小职员。当公司为新人举行欢迎会时，他对那些与他同时进入公司的同事说："我将来一定要成为这家公司的总经理。"

许下豪言壮语之后，在村文年开始执行他的长远计划。凭其良好的决策思维与旺盛的斗志，在毫无派系背景之下，在村文年完全凭借自己的实力，不断冲破险境，最终，当上了"三菱矿业"的总经理。

从三菱财阀的历史来看，60 岁就成为直系公司的总经理，可说是史无前例。他的就职惊动了日本工商界人士，人们内心惊讶不已，并深感佩服。

有句格言说得好："失败者任其失败，成功者创造成功。"格言强调，胜利者天生是倾向行动、倾向挑战的人，人生到处充满挑战，成功的关键在于你是否敢于接受挑战，是否具备挑战挫折的气魄。

那些优秀的人之所以在职场上获得巨大成功，得到老板的青睐，很大程度上取决于他们勇于挑战的精神。他们时刻将自己置身于变化的环境之中，并始终促使自己成为变化的赢家。在激烈的职场竞争中个，正是秉持了这一原则，他们不断挑战自己、战胜自己，力争上游，最终脱颖而出。

及早做好自己职业生涯的下一步规划

【德鲁克语录】

想要管理好自己的下一段职业生涯，只有一个条件，那就是及早做好规划。

【活学活用】

德鲁克认为，社会的不断开放与发展，决定了每个人一生当中有可能会从事多份不同的工作。也许每过几年就会换一次工作，或者是公司内部调动，或者跳槽，或者干脆转行，这些都有可能发生。

面对这么多的变化，每个人所拥有的知识和技能最终都会被时间淘汰。为了避免被时代抛弃，每个人必须不断学习新的知识和技能，并经常问自己这样一个问题："我的下一份工作会是什么？"

　　每个人都应该根据周围情况的变化和对未来发展趋势的判断，来决定自己一年以后将从事什么工作，五年以后从事什么工作，并不断地追问自己："我的下一个事业起点会是什么？"

　　只有对自己的未来有计划性，才会有一个好的未来。职业生涯设计的目的绝不只是协助个人达到和实现个人目标，更重要的是帮助个人真正了解自己，并进一步评估内外环境的优势和限制，在"衡外情，量己力"的情形下，设计出合理且可行的职业发展方向，最大可能地保证职业发展的理性。

　　在职业生涯规划中，每个人都必须清晰地回答出这样一个问题：我在哪方面非常优秀？这个问题非常重要。德鲁克认为，知道自己的长处，才能了解自己，也才能有把握地成功担任某项任务。同时，也正因为了解自己，我们才能够说："是的，我愿意做这件事，但是我认为这件事应该这样做……我与同事之间的关系应该是……你能够期望我达成的是……我需要的时间是……"因为"我就是这样的人"。

　　贾平凹的成功就在于充分了解自己长处的重要性。他上大学时曾在校刊上发表了一首顺口溜，于是便努力写诗。两年之中写了上千首诗，却反应平平；接着，他写起古诗来，也不怎么样；后来，学写评论、散文、随笔，同样没有突出的成绩；当他的第一个短篇小说发表之后，他才意识到，这种文学形式才是最适合自己的。于是便一发而不可收了，写了大批短篇小说，从而在中国文坛上崭露头角。

　　并不是每个人都能充分认识自己的才能。大多数人都会以为对自己有足够的了解，但其实不然，而许多错误的生涯抉择便因为对自己认识不清。人无全才，各有所长，亦有所短。如果你有自知之明，并且能够有预见性地做好职业生涯设计，并善于找到自己最擅长的工作，你就会获得成功。

　　尽管成功不能规划，但是规划对人生发展极其重要。德鲁克说，如果一个人可以全面了解自己并随时准备抓住转瞬即逝的机会，他的事业前景必然会渐入佳境。知道何去何从的人，即使资质平凡，也能有杰出表现。

Part 9

德鲁克说
战略规划是管理者的常识课

成功的战略规划并不需要预测，战略规划的立足点是在今天而不是未来，它只要求企业为未来做好行动计划和资源支持。

战略规划并不是对未来的准确预测

【德鲁克语录】

如果我们一味地预测未来，那只能使我们对目前正在做的事情怀疑。战略规划之所以重要，正因为我们对未来不能准确的预测。

【活学活用】

为什么说战略规划不是预测？德鲁克给出两个理由：其一，未来是不可预测的。每个人都可以看一看当前的报纸，就会发现报纸上所报道的任何一个事件都不是十年所能预测到的。战略规划之所以需要，正因为未来不能被预测。其二，预测是尝试找出事物发展的最可能途径，或至少是一个概率范围。但是企业的发展往往是独特事件，它将不在预设的路径或概率范围之内。预测往往并没有什么作用。

德鲁克认为，战略决策者所面临的问题不是他的组织明天应该做什么，而是"我们今天必须为明天来做哪些准备？"问题不是未来将会发生什么，而是"我们如何运用所了解的信息在目前做出一个合理的决策？"战略规划并不涉及未来的决策，所涉及的是目前决策的未来性。决策只存在于目前。

得州仪器就是一家成功用战略规划主导企业未来发展的典型代表。20世纪80年代前期得州仪器一直是全球第一大半导体公司，经营涉及笔记本电脑、企业软件、打印业务、国防工业、数字信号处理器的多项业务。各个业务板块发展都不错，但并不是业内最好，各业务在全球市场上排名皆在十名左右，只有数字信号处理器业务在全球排名第一。是维持现状，还是围绕核心业务发展？这是个战略问题。

为了准确地定位企业未来的发展方向，得州仪器的高层多次召开会议，经过慎重选择，他们决定将笔记本和电脑、国防工业等业务全部卖掉，将全部精力与资金投在 DSP（数字信号处理器）和 ANALOG（模拟）领域。他们认为，未来市场竞争将会更加激烈，只有全力竞争才能成功，所以，他们选择了最具有前景的数字信号和模拟领域。这一战略抉择是成功的。在全球半导体公司排行榜中，得州仪器位居世界第三。在通信芯片领域得州仪器堪称霸主，其全球约 50% 的 GSM 手机芯片市场占有率让业者只能望其项背。

在得州仪器的战略规划中，战略决策者并没有对未来的竞争动向进行预测，而是强调了为未来的市场竞争所作出的准备：他们砍掉了一些并不能在业内获得领先的业务，而是将资源转移到具有领先优势的业务上，确保优势业务在未来市场上持续领先。从得州仪器可以看出，成功的战略规划并不需要预测，战略规划的立足点是在今天而不是未来，它只要求企业为未来做好行动计划和资源支持。

决策的最终目的是促进资源转化为成果

【德鲁克语录】

战略规划是思想、分析、想象和决策的应用，强调的是责任。

【活学活用】

在德鲁克眼里，企业管理者应通过有组织的、系统的反馈，对照着目标衡量战略决策的成效。任何决策都要有成效，而衡量成效的重要标准是促进资源转化为成果的多少。他认为，最权宜、最机会主义的决策，以及那种根本不做决定的决策，将会在一个相当长的时期内承担无效决策带来的责任。

20世纪80年代，日本制造是世界的旗帜，索尼、松下、丰田等企业成为世界级品牌，美国制造则节节败退。在生死存亡之际，美国以IBM为首的公司开始生产个人计算机及各种配件。美国公司首先找到日本人，问其是否愿意给美国代工。日本的企业集体反对，只有NEC做了规模不大的投入。

于是美国又去韩国和中国台湾寻找，把辅助产品交给他们代工。结果，韩国的三星、LG得以迅速崛起；中国台湾新竹工业园也大规模地生产电脑配件，成为世界最大的代工基地。日本的企业很后悔，在笔记本市场奋起直追，最后在整个电脑硬件领域只在这块市场有一席之地。

20世纪90年代，美国开始了互联网的建设，美国企业再次找到了日本，日本人觉得互联网只适合于军事应用，再次集体拒绝了美国企业。在如今的互联网世界里，韩国和中国远远走在了日本的前面。

日本曾经是全球领先的游戏产业大国，但曾独领风骚出品了无数款风靡全球游戏的日本游戏业，在网络游戏时代来临时却反应迟钝，坚守在以掌机、家用机为主的电子游戏市场。韩国近些年抓住机遇，在网游市场中独树一帜，不仅独霸本国市场，还在亚洲各国不断拓展市场。中国网络游戏厂商们也凭借着多年来艰苦卓绝的努力有了立足之地。在人才储备、游戏策划、程序开发等方面有着强大实力的日本游戏厂商则逐步落伍，虽然后来为进军网络游戏付出过诸多的努力，无奈最后皆以失败告终。

三次战略决策失误使得日本在全球的IT潮流中远远落后，现在日本的优势仍在工业制造，与处在知识经济时代的美国相比，它已经落后了一个层次。所有企业制定战略时都不能草率，都要对所处历史时期的特定经济规律深刻把握，对宏观环境和行业动态有透彻理解，对竞争对手和自身竞争能力有深入了解。如果战略错误，企业将遭遇重大挫折。

　　确保企业的发展方向和资源投入是正确的，这是战略的重要责任。德鲁克说，在制定战略规划的过程中，最重要的问题，即"我们的企业是什么？""我们的企业应该是什么？"战略规划强调的是责任——促进资源转化为成果的责任，认识到这一点，也就抓住了战略规划的关键所在。

在战略规划中要利用趋势而不是对抗

【德鲁克语录】

　　善于利用结构性趋势的人很容易获得成功。如果想要对抗趋势，不仅极其困难，也是毫无前途的。

【活学活用】

　　德鲁克认为，在大多数行业中都可以看到结构性趋势的变化。结构性趋势在短期内对行业的影响微乎其微，但它远远要比短期性波动重要得多。然而令人遗憾的是，很多经济学家、政治家和管理者的所有注意力都放在短期波动上。事实上，谁利用结构性趋势，谁几乎就能必然取得成功。

　　历史上一共经历了三次革命，农业革命、产业革命，以及目前正在进行的信息革命。日本软件银行集团创始人孙正义始终认为，在信息化社会的第三阶段，提供数字化信息技术的微软、英特尔、思科、甲骨文等国际知名企业是毋庸置疑的主角。但是，只有信息化社会的第四阶段来临，提供数字化信息服务的网络公司跃出台面，革命才算是真正成功。那时信息产业的成长幅度也会比现在的个人电脑产业大得多。这是孙正义坚定的"未来趋势判断"。

孙正义的梦想是："当信息化社会进入第四阶段，我希望软件银行能够名列世界前十大企业。老实讲，我的志向是成为第一，在我心目中只有第一，没有第二。"为实现这个目标，孙正义做了规模宏大的部署。他用别人觉得疯狂的方法，在20世纪的最后六年时间里，投资600多家IT公司。每当孙正义看到有前途的公司时，他就猛扑过去。其中对雅虎的豪赌让孙正义一战成名。孙正义的雅虎股票每股投资成本约2.5美元，市场价则冲高到250美元，升值整整100倍。到2000年，软银已成为国际网络业的最大股东。2000年初，软银股价比发行价升值90倍，孙正义身价达到顶峰700亿美元。

在日本，最大的在线游戏公司、最大的入口网站、最大的电子交易网站、最大的网络拍卖服务公司，都是孙正义的，他曾自豪地说道："在日本，我们就等于雅虎加Google加eBay。"孙正义认为，从拨号到宽带，不过是网络革命性改变的第一阶段，接下来，手机宽带上网将会是下一个主流。现在，全世界一年卖出两亿台个人电脑，手机的销量是电脑的5倍，手机上网时代的到来是大势所趋。为了在手机宽带上网领域成为下一个NO.1，2007年软银为此投入155亿美元。拿到手机上网主导权后，孙正义将要采掘下一个金矿：手机上网购物。孙正义说："这个大趋势刚刚开始。"

孙正义顺应商业发展潮流而占据鳌头。当结构性变化出现时，一如既往的人面临被淘汰的危险，而迅速改变的人将迎来机会。对于任何企业来说，对抗大势必然会失败。德鲁克说，在短期内与趋势抗争非常困难，而且长期与趋势抗争几乎是毫无希望。企业管理者应该时刻审视并努力把握未来发展趋势，以顺势而赢得未来，绝不能因对抗形势而处于被动。

任何成功的企业都在与用创新创造未来

【德鲁克语录】

创造未来的真正含义是创造一个不同的事业。

【活学活用】

创造未来的真正含义是创造一个不同的事业。在德鲁克眼里，这个事业的创造是指将一个包含不同经济实体、技术及社会的构想加以具体化。对于企业而言，市场环境千变万化，要想持续赢得市场，就应当不断关注任何一个可能拥有潜在市场的创意，善用创新打开新市场，找到新的业务增长点。

1993 年，郭士纳临危受命担任 IBM 首席执行官。当时的 IBM 亏损严重。1994 年，郭士纳应邀在华尔街进行公开演讲，他利用这个机会向听众展示了 IBM 未来的网络化战略构想，并强调 IBM 要在"以网络为中心的世界"中充当领袖。一年之后，郭士纳将 IBM 的战略总结为"电子商务"。当时，能够对这一战略概念充分理解的人少之又少，很多人一度搞不懂郭士纳葫芦里卖的是什么药。

电子商务战略使 IBM 从单一的计算机硬件供应商转变为 IT 服务商。电子商务战略的核心是，为客户提供包含软硬件在内的信息架构构建服务和企业流程改造服务。它向客户传递的价值内涵是，通过 IBM 提供的 IT 服务，企业可以更加充分地利用计算机和网络，更方便而有效率地从事商业活动。这个战略的确立，犹如一把手术刀，彻底切掉了 IBM 身上的毒瘤，创造了奇迹。1996，IBM 历经 1991 到 1993 年高达 80 亿美元的亏损后，奇迹般地迎来了春天，一举实现了 770 亿美元的营业收入和 60 亿美元的利润。

2002 年初，IBM 现任 CEO 彭明盛上任。当时的商业前景不容乐观，互联网泡沫破碎，IT 神话破灭，网络走下神坛，众多计算机生产商、网络服务供应商、各大网站对互联网行业的发展模式和价值体现方式进行了新的思考和探索。在很多人还没想明白应对未来的举措之时，IBM 又适时地推出了新的战略——"电子商务随需应变"。这个战略的重点是"随需应变"。这四个字揭示了 IBM 公司 IT 服务方式转型和提升的重点，它剥离出 PC 业务，同时开始收购普华永道和无数软件公司，力求通过打包齐全的软件产品，向客户提供从战略咨询到方案解决的一体化服务。

这个战略的价值在 2008 年的全球金融危机中得到了最为充分的体现。IBM 的季报显示，IBM2008 年第四季度净利润同比增长 12%。在大部分公司都受到经济危机冲击时，IBM 利润增长仍超过预期，绝对算得上一个奇迹。很多人开始对 IBM 的神奇进行研究，研究的结果是，IBM 之所以能够躲过金融危机的冲击，不仅没有衰退，反而保持一如既往的增长，其最大的功臣当属于 2002 年开始的战略调整。这种观点在季报中得到印证：利润贡献来自软件和服务部门，而硬件部门则在下滑。

伟大的公司都是善于创新的公司。德鲁克说，在寻找未来的过程中，一个企业所认定的与众不同之处，就是这个企业赖以生存和奠定其独特地位的法宝。创造未来的真正含义是创造一个不同的事业。而创新是创造新事业的唯一途径。因此，企业管理者应该不断拓宽思路，不拘泥于以往经验和成就，以想人之所未想，为人之所不能为，出其不意，以新制胜，为企业的发展开辟一个潜力无穷的新市场。

最有用的战略信息往往来自于顾客

【德鲁克语录】

顾客是企业生存和发展的基础，失去了顾客，企业就失去了生存的条件。

【活学活用】

德鲁克认为，企业本身打算生产些什么样的产品并不具有十分重要的意义——特别是对企业的未来和企业的成功来讲，并不能发挥关键作用。顾客想要买的是什么，他认为有价值的是什么，这才是有决定意义的——它决定着什么成就一个企业，企业应该生产些什么，企业是否会兴盛起来。

史玉柱是中国最为传奇的企业家之一。因为创办巨人公司，他曾荣登中国大陆富豪榜第八名；又因为贸然修建巨人大厦，个人负债 2.5 亿元，成为中国最著名的失败者。2004 年，崛起之后的史玉柱开始成立征途公司，运作《征途游戏》。到了 2006 年，月利润直逼亿元大关。

史玉柱的成功来自于他对顾客的精准把握。专注地研究顾客，是史玉柱与其他企业家之间最大的差异。"规模稍大的企业家，往往今天邀这个政府官员吃饭，明天请那个银行行长打球，他们 70% 的时间属于'不务正业'。我从不琢磨领导们有什么爱好，只一心一意研究消费者，这为我节约了很多时间。"

史玉柱关注顾客的每一个细微感受。他认为，网络游戏这个行业太年轻,太浮躁,对玩家迷恋什么,讨厌什么,一无所知。他说:"每个人需求都是不一样的。你不能花钱请调查公司去调查,不能拿着一张表在路上拦着人家去打钩,只能去跟他聊天,拉家常。"

为了摸清消费者的实际需求,他先后和 600 名玩家进行过深入交流,根据玩家的需求设计和增加相应的功能,甚至不惜把行业内陈旧的条条框框一脚踢翻。

例如,原来所有的游戏中,玩家要升级就必须打怪,既枯燥又累人,让玩家叫苦不迭,甚者在宁波有一个人就是在打怪时死在了网吧。为此,他设计了只要按个键电脑就能自动打怪的装置,即使把电脑关了,它还能自己打。这个变化受到了广大玩家的欢迎。

由于揣摩透了玩家的心理,史玉柱可以非常自信地说:"我敢说,《征途》是所有游戏中最好玩的一款,没有哪个玩家说不好玩。"

史玉柱对顾客的分析极其到位。他从一开始就把玩家定位为两类人,一类是有钱人,他们为了得到一件在江湖上有面子的装备根本不在意价格是否成千还是上万;另一类是没有钱但是有时间的人,如果不用买卡就能打游戏的话他们没有理由不沉迷于《征途》。

根据对各类消费者的需求分析,史玉柱使出为玩家发工资的绝招,"让没钱的人免费玩,让有钱人开心玩,赚有钱人的钱",甚至可以"养 100 个人陪一个人玩"。这种免费模式的发展直接刺激了我国网络游戏产业的发展,市场规模增长率以超过 70% 的速度飞速发展,史玉柱也因此获得了至少 400 亿元的收入。

另外,在进入网络游戏行业之后,嗅觉灵敏的史玉柱很快就发现,其实不被这个行业重视的中小城市和农村市场更有发展潜力,那里的消费者并非想象中的那么穷,于是他在其他人还没有反应过来之前,极其迅速地在全国所有的中小城市和 1800 个县建起了办事处,并很快建立了绝对市场优势。

市场不是由上帝、大自然或各种经济力量所创造,而是由顾客创造的。顾客是一个企业的基础并使它能继续存在。正是为了满足顾客的要求和需要，社会才把物质生产资源托付给企业。顾客决定了企业的性质和企业生产什么样的产品，企业的战略制定也应该来自顾客的需求。只有以满足顾客的需要为导向，以占领市场为导向，以不断地创新不断地发现顾客为导向，企业才能更好地生存和发展。

不要用过时的前提条件做决策依据

【德鲁克语录】

管理者经常问：作为决策依据的前提条件是否已经"过时"？

【活学活用】

德鲁克说，企业要想赢得当前的市场，管理者就需要具有全新的思维框架。一个企业的建立，首先是思维模式的建立，企业家首先要明确企业存在的前提：企业的外部环境是什么？企业的使命是什么？企业的核心竞争力是什么？只有对这三个前提问题准确把握和解答后，企业的发展战略才能够持久和有效地发挥作用。任何一种决策都必须从前提出发去认识，这样才能真正抓住问题的关键。

戴尔公司是当今世界电脑行业的翘楚，很多人认为，戴尔是依靠商业模式创新成功的。不错，戴尔的直销模式历来为管理界所看重，但为什么 IBM 和康柏都曾经模仿戴尔的直销模式，却失败了？事实上，戴尔成功背后的核心因素是它运用前提性思维构建了一整套的运营模式，这种运营模式精确地定位了企业战略和顾客需要，从而使任何竞争者都无法照搬和模仿。

　　我们知道，任何企业都必须给自己进行准确的定位，定位自己使企业明确了自己是什么？将成为什么？这实际思考的是企业存在的理由，而这恰恰是企业存在的前提。企业只有首先确定了自身的价值和意义，才能朝着这个方向前进和努力。戴尔公司正是通过建立自己的经营理论而准确地给自身进行了定位。

　　首先，对企业外部环境的假设。戴尔公司发现，计算机行业都是由制造厂商生产电脑以后，配售给经销商和零售商，由他们卖给企业和个人消费者。而这样显然使生产者无法获得足够利润，而且也无法完整地体现顾客的需要。据此，戴尔采取直销模式，果断地砍掉中间环节，既能提升自己的效益，也为顾客节省费用。它们通过电话或互联网向客户进行直接销售，并根据顾客的要求定制电脑。这就使戴尔公司具有显而易见的竞争优势，通过客户定制，戴尔公司通常能以比零售价还低的价格向客户提供他们所需的计算机。

　　这种对企业外部环境的定位，使戴尔明确了企业的发展方向和发展模式，那就是不断地满足顾客的多样化需求并提供低廉价格的产品。

　　其次，对企业使命的假设：为顾客创造价值。戴尔认为，随着顾客力量变得愈加强大，企业为了提高竞争力、增强顾客的满意度和忠诚度，必须树立"以顾客为中心"的经营理念。这就决定了企业经营策略的确定必须从"由内到外"的思考方法转变为"由外而内"的思考方法。他们据此制定的企业使命，迎合了信息时代顾客的需要，因此，得到了顾客的认同和支持。戴尔从顾客的需要出发，充分体现了顾客是企业价值实现的评判者，不重视顾客的力量，必然被顾客力量所淹没。这种从最简单的前提出发的思维方法，恰恰是戴尔模式的重要经验。

　　再次，根据以上两点的设想，戴尔确定了企业实现使命所需的核心能力的设想。戴尔的核心竞争能力实际上并不是直销，而是不断地完善自己的供应链，通过建立直销模式来提升自己的核心竞争力。这种定位，使戴尔真正明确了自身的优势所在。

毫无疑问，一个企业生产什么，怎么生产并不重要，重要的是凭什么要这样生产。一个具备前提性思维的企业家，时刻都会反思企业行动的依据，从而不断地认识自己，不断地提升自己。经营企业要顾及各种问题，要预想到各种困难，只有善于认识前提的领导者，才是真正卓有成效的管理者。

成功的战略一定要有忧患意识

【德鲁克语录】

如果不着眼于未来，最强有力的公司也会遇到麻烦。

【活学活用】

德鲁克说，明天终归要来，并且一定与今天不同。到那个时候，即使是最强大的公司，如果没有为迎接未来做好充分的准备，也一定会遭遇发展困境，甚至会丧失自己的个性和领导地位——遗留下来的不过是维护大公司运转的高昂开支。对于正在发生的一切，企业无法控制也无法理解。

管理者的超前忧患意识，在当今市场条件下尤为可贵。我们从众多的企业盛极而衰的变迁中可以看出，企业最好的时候，可能就是走下坡路的开始；产品最畅销的时候，往往也是滞销的开端。

美国百事可乐公司是著名的国际大企业，但就是在公司事业如日中天的时候，总经理韦瑟鲁普却开始担心汽水市场将会走下坡路，同业之间的竞争也会变得更加激烈。

如何来激发员工的工作积极性，使百事公司的员工们相信，如果他们不拆散这部金钱机器，并重新把它建立起来，百事公司就有可能走向衰亡呢？于是，韦瑟鲁普制造了一场危机。

韦瑟鲁普和销售部经理重新设计了工作方法，重新规定了工作任务，要求年收入增长率必须达到15%，否则企业就会失败，百事可乐公司也将不复存在。

新制定的目标要求可能有些危言耸听，但也在一定程度上反映了市场竞争的激烈程度及由此可能会产生的后果。最终，韦瑟鲁普采取了其在职业生涯中最艰巨一次的行动，即被他称为"末日管理"的战略。

百事可乐公司的"末日管理"法，充分运用了各类资产，使公司的现有设备得到了最大限度的利用，减少了资金的占用，使得资产的循环周转顺畅起来，一些日常管理的节奏也快速起来，公司的经济效益不断地获得提高，事业也蒸蒸日上了。

末日管理的核心是"企业最好的时候往往是下坡路的开始"。要求管理者要有忧患意识，要居优思劣、居安思危、居盈思亏、居胜思败。其目的就是为了预防危机的到来。海尔总裁张瑞敏曾说过："没有危机感，其实就有了危机；有了危机感，才能没有危机；在危机感中生存，反而避免了危机。"

德鲁克说，由于企业未能着眼于未来，在变革发生时就不得不承受被新情况搞得措手不及这一巨大风险。这种风险是任何大企业都承受不起而任何小企业都不需要冒的风险。因此，企业管理者有责任以未来的眼光关注企业的战略，从忧患意识上强化战略的预见性和未来性，将危机消灭在萌芽中。

企业要随时为未来的变化做好准备

【德鲁克语录】

管理者所面临的问题不是企业明天应该做什么，而是"今天必须为未来做哪些准备工作"。

【活学活用】

德鲁克说，未来的事务都是不可预料的。对于管理者而言，他们更重要的工作不是预测未来的变化，而是要把握住已经发生了的变化。把握住"已经发生的未来"，并采用一套系统的策略来观察并分析这些变化。这才能在制定战略决策的时候看得更高更远，避免出现鼠目寸光的僵局。

苹果电脑公司诞生在一个旧车库里，它的创始人之一是乔布斯。苹果的成功，在于他们把电脑定位于个人电脑，普通人也可以操作。这具有划时代的意义，因为在此之前，电脑是普通人无缘问津的庞然大物，它不仅需要高深的专业知识，还得花上一大笔钱才能买到手。

乔布斯推出了供个人使用的电脑，这引起了电脑爱好者的广泛关注。更为重要的是，苹果公司还开发出了麦金塔软件，这也是软件业一个划时代的、革命性的突破，开创了在屏幕上以图案和符号呈现操作系统的先河，大大方便了电脑操作，使非专业人员也可以利用电脑为自己工作。苹果公司靠着这一系列的创新，诞生不久就一鸣惊人，市场占有率曾经一度超过 IT 老大 IBM。

但是，在进入 20 世纪 90 年代以后，网络经济迅速发展，苹果公司未能抓住网络化这一契机，市场占有率急剧萎缩，财务状况日趋恶化，连续两年亏损，亏损额高达数亿美元。苹果公司想出了各种办法，但种种努力都没有产生太大的效果。

就在苹果公司上上下下愁眉苦脸之际，IT 界传出一个令人震惊的消息，微软总裁比尔·盖茨宣布，他将向自己的竞争对手——陷入困境的苹果电脑公司投入 1.5 亿美元的资金！此语一出，IT 界为之哗然。比尔·盖茨大发慈悲了吗？作为世界首富，比尔·盖茨在世界各地捐资。但这一回，他却不是捐资，更不是行善，他向苹果注入资金是出于商业目的。

因为比尔·盖茨知道，苹果作为曾经辉煌一时的电脑霸主，尽管元气大伤，但它的实力仍然非常强大。在这个时候，很多电脑公司包括微软的一些竞争对手如 IBM、网景等，都利用苹果此时的窘境，提出与苹果合作，来达到和微软竞争的目的。显然，如果微软不与苹果合作，对手的力量就会更增强。

另外，美国《反垄断法》中有规定，如果某个企业的市场占有率超过规定标准，市场又无对应的制衡商品，那么这个企业就必须接受垄断调查。如果苹果公司垮了，微软公司推出的操作系统软件市场占有率就会达到92%，必然会面临垄断调查，仅仅是诉讼费就将超过从苹果公司让出的市场中赚取的利润。

而这时和苹果合作，则可以把苹果拉到自己这一边。苹果和微软的操作软件相加，就基本上占领了整个计算机市场，微软和苹果的软件标准就成了事实上的行业标准，其他竞争对手也就只能沦为跟随者了。当然，微软实力比苹果强大，微软不会在合作中受制于苹果。

如果比尔·盖茨只看到了苹果公司衰落对于微软的近期受益，而没有看到苹果的破产在未来对于微软的一系列可怕的不利影响，那微软公司必然遭受"城门失火，殃及池鱼"的麻烦。对未来危机熟视无睹是一个企业衰败的前兆，很多颇富远见的管理者在这方面都是非常重视的。

德鲁克说，如果企业不为未来作准备，就要为出局作准备。管理者作决策时如果仅仅是为了眼前利益或一时之局，而对未来发展缺少必要的考虑，企业将付出昂贵的代价，轻则发展迟缓，重则面临倒闭风险。因此，管理者一定要注意决策的前瞻性，在今天与未来之间搭好过桥，避免到时措手不及。

Part 10

德鲁克说
管理者要为组织找到核心能力

优秀的企业从来都不做大锅饭，而是做精致小炒。成就来自卓越，任何平庸都不能换来经济回报。企业要想获得成功，不是干过多少事，而是干成多少事，尤其是在哪几件事上做得极端出色。

伟大的企业善于从多个方面超过对手

【德鲁克语录】

一个伟大的企业除了要在一个领域内取得成功以外，还必须至少在许多知识领域中表现卓越。

【活学活用】

成就来自于卓越。平庸不能换来经济回报。伟大的企业或产品必定在某一方面甚至多方面超越对手。德鲁克说，一个伟大的企业除了要在一个领域内取得成功以外，还必须至少在许多知识领域中表现卓越。有许多企业还必须在不止一个领域中达到或超过一般的水平。但是，要掌握市场给予经济回报的那种真正的知识，就需要集中将几件事情做得极端出色。只有卓越才能成功。

2005年以前，美的微波炉和紫微光微波炉、蒸汽紫微光微波炉等一样，虽然试图通过产品功能创新为自己觅得一条不一样的路，但在格兰仕的攻击下，难有进展。直到获得国家专利的"食神蒸霸"问世，美的拥有了"蒸"的功能。"食神蒸霸"可以做诸如剁椒鱼头、清蒸大闸蟹之类的所有传统蒸菜，打破了此前微波炉的局限，不再只是加热工具。

自微波炉发明以来，摆在行业面前的最大难题一直是，用微波炉直接加热的食物，脱水严重，营养流失严重，口感也不好。而"食神蒸霸"的成功推出，解决了这个问题。用微波炉蒸菜，无明火，无油烟，解决了厨房清洁难题，还可以实现智能化控制，而且与明火蒸食物相比，最大限度地减少了消费者用于烹饪的时间。此后，美的微波炉走上了提升微波炉价值、共享价值链，从而回归商业本原的道路，不断通过技术改进，赋予产品甚至整个行业新的价值。

2007 年 5 月，"美的微波炉美食节"开展，美的微波炉的普通员工使用美的微波炉做出了八大菜系的近百道菜肴。正是凭借"蒸"的功能所创造的创新价值，使美的微波炉从价格战中冲杀出来。高强度的理念引导和品牌宣传，令美的微波炉实现了销量大突破——2008 年全年销售突破了 550 万台，接近 600 万台。

只有出色才能超越对手，才能获得市场的青睐。所有的消费者都是理性的，他们总是希望获得最优的产品。优秀的企业从来都不做大锅饭，而是做精致小炒。成就来自卓越，任何平庸都不能换来经济回报。企业要想获得成功，不是干过多少事，而是干成多少事，尤其是在哪几件事上做得极端出色。

一个企业的技术领先就是最大的优势

【德鲁克语录】

核心优势就是能将企业的特别能力与顾客所重视的价值有机地结合在一起。

【活学活用】

产品竞争主要包括价格和技术两个方面，在利润越来越透明的市场环境中，价格已经不是核心手段；由技术创新支持的差异优势，才是企业保持长久市场竞争优势的重要途径。因此，企业应把发展更核心的竞争力——技术领先，放在最重要的位置。

1998 年，人们惊诧地发现，北欧小国芬兰有一家名叫诺基亚的公司，其手机销售量超过了全球通信巨无霸摩托罗拉，一跃而成为移动电话制造业中的世界冠军。诺基亚能取得今天的成就，应该归功于时任总裁的乔马·奥利拉。但诺基亚能从生产胶鞋等传统产品转型为一家高技术公司，却不能不提到前任总裁卡瑞·凯雷莫。

1977 年，凯雷莫被任命为诺基亚新总裁，在他的率领下，诺基亚成功地把简陋的无线通信器，发展为一种成熟的移动通信系统，也就是早期的大哥大。诺基亚开发出来的大哥大，具有许多实用性优点，很受市场的欢迎，成为诺基亚的一个赢利点。

于是，凯雷莫把目光瞄准了当时那些炙手可热的产品——家用电器、计算机、BP 机等，他开始四处扩张，先后购买了德国的电视机生产厂、瑞典的计算机公司、美国的传呼机公司。他的莽撞为诺基亚的发展带来了危机，在强大的竞争对手日本索尼、荷兰菲利浦、美国 IBM 等企业面前，诺基亚节节败退。

更为不利的是，美国通信巨人摩托罗拉只花了很短的时间，就在无线通信技术上后来居上，研制出了第一代手机——模拟机，并大批量生产，使唯一能给诺基亚带来赢利的大哥大产品在市场上处处碰壁，公司业绩下滑，开始亏损。股东们怒气冲冲，不断向凯雷莫施加压力。凯雷莫不堪重负，在 1988 年 12 月 2 日那天以自杀的方式终结了一生。

1990 年 2 月，诺基亚董事会想把手机生产业务卖掉，他们找来刚刚上任的手机部负责人——38 岁的奥利拉。奥利拉对董事会的决定提出了异议。在手机研发部的项目档案中，他发现诺基亚有一个没被注意的为 GSM 标准开发相应手机产品的项目。尽管当时 GSM 远未是一个成熟的数字化手机通信标准，但奥利拉顿时凭直觉预见到，它很可能成为继模拟方式之后的第二代手机标准。

1992 年，奥利拉被任命为诺基亚的新任总裁。上任后，他的第一件事就是调兵遣将，他把那些有创造精神并与他同时代进诺基亚的年轻人召集在一起，让他们全力推进 GSM 通信标准手机的研发和生产，致力于提高诺基亚的技术优势。

1993 年底，局面渐渐明朗，欧洲各国先后开始采用 GSM 数字手机通信标准为新的统一标准。诺基亚趁机把它精心准备的突破性产品——2100 系列手机推向市场。这种手机，采用了新潮的数字通信标准，音质清晰而稳定，机身小巧玲珑，大受市场欢迎。

1994 年，诺基亚终于在美国成功上市，吸纳到大量投资。奥利拉乘胜追击，在追求更完美的技术的同时，高举"手机不再是昂贵奢侈品，而是一种时尚装饰物和易用工具"的旗帜，与对手展开了创新速度、设计、价格大赛。凭借领先的技术优势，诺基亚手机平均每隔 35 天就推出一个新品种，并且带动手机价格在数年内一再下跌。至 1998 年，诺基亚取得全面胜利。在全球手机市场份额中，它一举拔得头筹，占 22.5%。

诺基亚的成功说明了技术领先就是企业最大的优势。凯雷莫时代的大哥大，一度在技术上领先于对手，结果这种优势不被重视，很快被摩托罗拉超越；奥利拉没有让这种悲剧重演，在取得领先之后，时时创新，一直保持领先，始终使自己在市场竞争中保持领先地位。企业管理者应该知道，通过技术创新赢得市场地位实际上比防守一个已有的市场地位要稳妥得多。只有技术领先，才可能实现持续领先。

要能够从缝隙中寻找到生存的机会和地方

【德鲁克语录】

日本的柔道大师，最善于从对手的自以为是和沾沾自喜中去寻找进攻机会。

【活学活用】

利用别人的优势扩充自己的不足是一种非常高明的战略方式。德鲁克说，日本的柔道大师，最善于从对手的自以为是和沾沾自喜中去寻找进攻机会。他们深知，对手的每一个攻击战略很可能都是建立在自己的优势技术之上。如此这般，柔道大师就能够发现，对手对这种优势技术的持续依赖，实际上使他变得不堪一击毫无防御性。他就能将对手的力量转化成对手的致命弱点，并击败对手。

为了在可口可乐手中夺取业已成熟的消费群体，百事可乐付出了极大的代价，包括重新定位品牌、开拓市场、细致的调查以及每年数百万美元的品牌营销费用。但是，如果你比百事可乐还要不幸，被迫要与可口可乐与百事可乐联军对抗，那又该如何做呢？实际上，在开始的时候，七喜汽水就陷入了这个僵局之中。

在如此强大的对手面前，七喜的弱点也就十分明显。可口可乐与百事可乐的强大之处在哪里呢？就在于这"哥俩儿"代表了可乐，人们想喝可乐基本上只会在这两者之中选其一，而在美国人喝的三瓶饮料中，就有两瓶是可乐，这就是它们的强大之处。

可乐饮料的最独特处就是可乐的主要成分咖啡因，所以联邦法院规定凡称为可乐的品类必须要含有咖啡因。这样一来，七喜的战略就是显而易见的，那就是提供与可口可乐、百事可乐完全相反的东西——不含咖啡因的非可乐。

有趣的是，当初在为七喜设计出这一战略时，七喜还不敢采纳，而是在两年后眼见市场份额流失惨重，被逼无奈，才启动这一战略的。虽然错过了最佳的战机，该战略却仍然不失其威力。七喜汽水不但凭此收复大片失地，居然还一举拿下美国饮料第三品牌的宝座，仅次于可口可乐与百事可乐。

更有趣的是，七喜的这个战略打得可口可乐与百事可乐阵脚大乱，也顾不得联邦法院的规定了，慌忙推出了自己的"不含咖啡因的可乐"。

在这个大鱼吃小鱼，小鱼吃虾米的社会大环境里，很多刚起步的小企业其实就处在一个"虾米"的位置，处于食物链的最底层，不仅势单力薄，还很容易被吃掉。为了避免过多的风险，小企业利用大企业的优势存活下来不失为一种有效的战略。

所有企业都有自己的优势和劣势，但凡事没有绝对，以弱胜强的例子也很多，关键还是在于你是否能够依据双方或者多方的形势进行优劣势的有效转换，从对方的优势中寻找到自己生存的缝隙。

千万别被自己的短板遮住了眼睛

【德鲁克语录】

他们更看重自己并不擅长的事物或领域。

【活学活用】

德鲁克说，一般而言，要知道怎么做比较容易。因此，企业内部的人往往会认为自己所拥有的能力并没有什么，即使他们拥有特殊能力，他们也会大意地认为所有的同行都具备这种能力。相反，他们更看重自己并不擅长的事物或领域。因此，企业管理者千万不要被短板遮住了眼睛。

企业需要内审自己所经营的业务、所拥有的资源和能力，外察市场需求和技术演变的发展趋势，运用企业的创新精神和创新能力，独具慧眼地识别本企业的核心竞争力发展方向，并界定构成企业核心竞争力的竞争优势有哪些。

为了更好地理解企业核心竞争力战略，可以在企业内部就下面三个带有根本性的问题掀起广泛深入的讨论，以期取得共识：一是如果我们不控制这种独特的核心竞争力，我们的现有竞争优势能维持多久？二是这种核心竞争力对顾客可感知价值是如何重要？三是如果我们不拥有这种特别的核心竞争力，我们在将来会失去哪些可能的机会？

沟通不只在企业内部运行，还要与企业外部的顾问和投资者进行沟通。例如，要使企业在某核心技术方面的专长成为核心竞争力，首先需要企业在该技术领域不断进取，始终保持领先地位，这意味着企业不仅要给予资金支持，还要建立有效的科研开发激励制度；其次需要很好地协调研发部门与生产销售部门之间的关系；最后，在产品营销阶段，需要建立市场信息反馈机制，使研发更好地与市场需求保持一致等等。

以天津药业为例，它首先确立"高科技加规模经济"的发展战略，其"高科技"目标非常具体：生产的所有产品，在中国只要还有一家生产，质量和消耗指标就要领先于它；主导产品地塞米松要超越世界王牌罗素公司的产品；开发的新品附加值要高，同时必须具备一定的生产规模。

为了超越对手的一流产品，天津药业在改造传统工艺、提高质量降消耗上下功夫，在公司里，技术开发、市场开发是一线，生产是二线。它建立了国家级技术开发中心，以开发中心为主，在生产经营全过程建立技术创新系统，每个车间都设有试验室，各班组都有工艺员、试验员，公司投入技术开发中心的科技费用每年都不少于3000万元。

同时，它将市场信息、产品销售、质量监控、储运发货到售后服务形成链条，只要国内用户急需，销售人员就一刻不耽误地送药上门。为了聘到和留住能够开掘核心竞争力的人力，开津药业修订了聘用原则，不拘一格使用人才，并明确奖励创新，规定奖金的70%必须奖给主创人员，管理者等无关人士一分不取。

构建企业核心竞争力时企业高层领导起决定性作用。一个对企业核心竞争力的开发与构建反应迟钝的高层领导，往往无意在企业现存业务中开发、构建自己的核心竞争力，而依靠在企业外部进行关键零部件的配套购买来填补自己核心技术空心化的缺陷。

这种做法无疑是将开发企业核心竞争力的机会拱手让出。一旦核心技术改变或拥有核心技术的供应商决定进入市场成为竞争对手，则该企业的抵抗力将十分脆弱。企业高层领导的战略重视仅仅是成功的一半，成功的另一半还需要企业高层领导对构建企业的核心竞争力制定出切实可行的计划。

要清楚哪些做得最好，哪些做得最不好

【德鲁克语录】

哪些是我们在既往时期内做得不好而对手却毫不费力地出

色完成的事情？

【活学活用】

德鲁克说，企业要常问自己两个问题。第一个问题是：哪些是我们在既往时期内做得出色而且未感到费力，但对手并没有做好的事情？第二个问题是：哪些是我们在既往时期内做得不好而对手却毫不费力地出色完成的事情？这两个问题能够帮助企业管理者认清自己的优势和劣势，进而扬长避短。

众所周知，一只木桶盛水的多少，并不取决于桶壁上最长的那块木板，而恰恰取决于桶壁上最短的那块木板。人们把这一规律总结成为"木桶定律"或"木桶理论"。

根据这一核心内容，"木桶定律"还有三个推论：其一，只有当桶壁上的所有木板都足够高时，木桶才能盛满水；只要这个木桶里有一块不够高度，木桶里的水就不可能是满的；其二，比最低木板高的所有木板的高出部分是没有意义的，高得越多，浪费就越大；其三，要想提高木桶的容量，应该设法加高最低木板的高度，这是最有效也是唯一的途径。

对一个企业来说，构成企业的各个部分往往是参差不齐的，而劣质的部分往往又决定了整个企业组织的水平。"最短的木板"与"最劣质的部分"都是企业系统中有用的一部分，只不过比其他部分稍差一些，并不能把它们当作累赘扔掉。因此，经营企业的真正意义就是扬长避短。

聪明的管理者总是能够适宜地承认对手的长处。2000 年 9 月，蒙牛在和林生产基地树起一块巨大的广告牌，广告画面呈现的是万马奔腾的景象，非常壮观。上面写着"为内蒙古喝彩"，下注：千里草原腾起伊利集团、兴发集团、蒙牛乳业，塞外明珠耀照宁城集团、仕奇集团，河套峥嵘蒙古王，高原独秀鄂尔多斯，西部骄子兆君羊绒……我们为内蒙古喝彩，让内蒙古腾飞。

蒙牛把竞争对手伊利集团排在广告牌的首位，自己却委身中流，这种谦虚的态度减轻了来自各竞争对手的压力。同时，蒙牛的这种宣传策略也使自己与知名乳业品牌并列同一阵营，沾了知名乳业品牌的光。这种跟随市场老大的策略在国外已有先例。

20 世纪 50 年代末期，美国的佛雷化妆品公司几乎独占了黑人化妆品市场，同类厂家始终无法动摇其霸主的地位。佛雷公司有一名推销员乔治·约翰逊邀集了三个伙伴自立门户经营黑人化妆品。伙伴们对这样的创业举动表示怀疑，因为他们的实力过于弱小，这像是拿鸡蛋往石头上碰。

约翰逊说，我并不想挑战佛雷公司，我们只要能从佛雷公司分得一杯羹就能受用不尽了。当化妆品生产出来后，约翰逊就在广告宣传中用了经过深思熟虑的一句话："黑人兄弟姐妹们！当你用过佛雷公司的产品化妆之后，再擦上约翰逊的粉质膏，将会收到意想不到的效果！"这则广告貌似推崇佛雷的产品，其实质是来推销约翰逊的产品。通过将自己的化妆品同佛雷公司的畅销化妆品排在一起，消费者自然而然地接受了约翰逊粉质膏，公司的生意蒸蒸日上，最终它取代了原先霸主的市场地位。

任何一个系统，都不可能是尽善尽美的，都或多或少地存在着某些"短处"，对于这些"短处"，有些管理者往往将其捂在内部，藏起来，冷处理，如此下去，"短处"势必会掩盖住"长处"，成为危及整个系统的"炸弹"。

企业最好能够成为多个领域内的领先者

【德鲁克语录】

任何一家成功的企业除了在一个领域内做得极端出色外，

还要精通其他的知识领域。

【活学活用】

德鲁克说，没有任何一家企业能够在广博的知识领域中独树一帜。但是任何一家成功的企业除了在一个领域内做得极端出色外，还要精通其他的知识领域。珠穆朗玛峰之所以成为地球之巅，是因为它建立在喜马拉雅山之上，盘基广大高原之上；假如把它建立在河海平原上，八千公尺的高峰是难以存在的，又如无源之水易于枯竭。对于企业，亦是如此。

2007 年 5 月 9 日，为期两天的惠普全球移动技术峰会在上海揭幕。惠普信息产品及商用渠道集团高级执行副总裁 Todd Bradley 在致辞中表示，惠普的目标就是成为全球领先者，"在所在的领域都要成为领先者"。据介绍，目前惠普在 PC、打印机、服务器、工作站等领域都有不俗的业绩表现。

与惠普一样，在各个领域成为领先者的还有微软。2009 年 11 月 23 日，由微软亚洲研究院和上海交大联合主办的第三届"微软亚洲研究院联合实验室"研讨会在上海举行。在此之前，微软亚洲研究院已与中国内地及香港地区的 10 所高校建立了多个领域的联合实验室，其中 8 个已通过教育部审批，被纳入"教育部重点实验室"管理体系。

这些分布在各高校的微软亚洲研究院联合实验室汇聚了计算机研究领域的 50 余位学术带头人和专家，开展了近 200 个合作项目，发表高水平学术论文 1000 多篇，研究院与高校联合培养的学生超过 1000 名。这些联合实验室在视频动画、语音表情驱动、可视计算、互联网挖掘与搜索等领域取得了突出成果。

作为世界上最为重要的电信设备供应商之一，华为集团取得的成绩已令很多同行企业难以望其项背。在华为集团，48%

的员工从事研发工作，截至 2008 年 6 月，华为已累计申请专利超过 29666 件，连续数年成为中国申请专利最多的单位。华为技术有限公司加入了 ITU、3GPP、IEEE、IETF、ETSI、OMA、TMF、FSAN 和 DSLF 等七十个国际标准组织。华为担任 ITU-T SG11 组副主席、3GPP SA5 主席、RAN2/CT1 副主席、3GPP2 TSG-C WG2/WG3 副主席、TSG-A WG2 副主席、ITU-RWP8F 技术组主席、OMA GS/DM/MCC/POC 副主席、IEEE CaG Board 成员等职位。

华为持之以恒对标准和专利进行投入，掌握未来技术的制高点。在 3GPP 基础专利中，华为占 7%，居全球第五。2008 年 2 月 21 日，据世界知识产权组织（WIPO）报道，华为 2007 年 PCT 国际专利申请数达到 1365 件，位居世界第四，较前一年上升 9 位。前三名的企业分别是松下、飞利浦和西门子。

华为总裁任正非要求华为突破对单个产品的迷信和依赖，能够为客户提供"整体产品"。在 2006 年的北京国际通信展上，华为重点展示涵盖移动产品、固定网络产品、光网络产品、数据产品领域、无线终端产品、数据产品领域、业务与软件等全面的系列产品及解决方案。产品的深度延伸，使得华为的市场空间进一步扩大。

只精通一种技术是远远不够的。任正非提出的整体产品思想，就是要求华为不仅要在一个产品领域领先，还要在多个产品领域内领先。在这种思想的背后，是任正非的忧患意识：尽管华为拥有很多在国际市场上具有很强号召力的产品，但如果华为对这些产品产生依赖，那么华为能够持续领先吗？显然答案是不能。忽略已经取得的成就，追求还未攀登的高峰，只有这样，企业才能走在市场的前列。

复制对手的优势是企业尽快崛起的最好方法

【德鲁克语录】

管理者要对对手进行认真研究：这家企业的优势有哪些？在哪些方面表现得极为出色？

【活学活用】

研究对手是为了复制对手的优势，从而实现超越。德鲁克说，研究对手要回答出两个核心问题：是哪种优势能够让这家企业在市场竞争中脱颖而出？而这些优势又可运用到哪些方面？这两个问题所揭示的商业竞争思想是：通过复制对手的经验，使企业降低了学习成本；复制对手的优势，能够使自己在短时间内获得和对手叫板的资本，即便不能顷刻之间削弱对手，也能让其不至于一花独放。

鸿海集团是全世界 EMS（电子组装制造）产业中的老大，其他竞争对手只能望其项背。但是，鸿海的日子也并非高枕无忧，先前每年 30% 的高增长态势已一去不返，投资者由追捧开始变得信念不足。

据统计，2007 年 11 月至 12 月下旬，鸿海集团包括鸿海、鸿准、富士康及群创等公司，市值蒸发 8000 亿元新台币。这其中的根源就在于鸿海的商业模式被对手成功复制。

以富士康为例，作为全球最大的手机代工厂，最近几年遭遇了比亚迪的强势冲击，后者从富士康手里抢走了大量订单，使富士康的未来市场前景面临着严峻考验。

比亚迪早期从手机电池起家，逐步建立手机生产技术，并锁定富士康为目标，打进诺基亚，成为富士康之外的第二大供货商。由于比亚迪的产品价格明显较富士康有优势，三星、摩托罗拉、诺基亚、索爱、TCL、海尔、华为、飞利浦等电子巨头逐渐成为比亚迪手机的代工客户。

比亚迪的商业模式与富士康非常接近，从 2003 年起，比亚迪进入了手机代工领域。截止到 2008 年 2 月，该公司的业务涵盖手机电池、手机代工及汽车生产领域。尽管富士康曾经表示，之所以比亚迪这几年发展非常快，就是因为它采用整批挖角的方式，复制了富士康的商业模式。但从商业竞争的角度上来说，复制对手的成功经验本身就是一种很好的竞争手段。

不仅富士康如此，据媒体报道："鸿海旗下公司群创公司整合上游面板、关键零组件及下游监视器、电视的做法，在过去面板产能过剩时，创造了一个奇迹。不过，现在这一模式也受到越来越多的挑战，类似群创的整合商业模式也一一出现.例如友达与佳世达、奇美与冠捷，以及华映与唯冠等，它们的结盟，也让群创的领先优势不再明显。"

连鸿海本身也遭到了强有力的挑战。过去，通过横向并购，以及从模具、机壳、零组件到组装制造等上下游的垂直整合模式，鸿海打造了一个强大的帝国版图，显示出了强大的威力，把全球其他 EMS 大厂、国内 ODM（原厂委托设计制造）厂商逼得进退维谷。

然而，也就几年时间，鸿海成功的商业模式就被竞争对手成功复制。例如在 EMS 厂部分，早期曾遥遥领先鸿海的伟创力，自 2005 年龙头地位被鸿海超越后，它也开始"研究"鸿海，包括收购旭电、华宇计算机的笔记本计算机生产线，还入股驱动 IC 设计公司联合聚晶，这些并购及整合动作，无一不是针对鸿海而来。从各自财报看，2006 年伟创力的营收为 188 亿美元，旭电为 115 亿美元，两者相加约为 303 亿美元，与鸿海的 385亿美元仍有一定差距，但它们通过整合，有望从鸿海手中抢回EMS 的龙头地位。鸿海的商业模式已被竞争对手成功复制，这对鸿海构成了极大威胁。如果我们站在比亚迪、伟创力的角度来进行思考，就会得出这样的结论：复制对手是赢得竞争的重要捷径。复制对手是跟随者及后来者所采取的一种必要的竞争手段。采用这种手段，就能事半功倍，轻而易举地实现后来者居上。

创新是一个企业立于不败之地的核心能力

【德鲁克语录】

每个组织，不仅仅是企业，都需要一种核心能力：创新。

【活学活用】

德鲁克说，每个组织都有不同的核心能力，它可以说是组织性格的一个组成部分。但是，每个组织，不仅仅是企业，都需要一种核心能力：创新。市场是无情的，落后的企业或者产品只能是被取代。要想不被取代，唯一的出路就只能不断提升自己的竞争力。而创新是提升竞争力最主要的出路。

美国明尼苏达矿业制造公司，也就是人们常说的 3M 公司，以其为员工提供创新的环境而著称，走进它总部的创新中心，最吸引人的是橱窗里陈列的各式 3M 产品。从医药用品、电子零件、电脑配件，到胶布、粘贴纸等日常用品，逾 5 万种的产品表明，该公司在产品创新方面的强大优势。该公司起初是个名不见经传的小公司，依靠创新精神，成为令人尊敬的"创新之王"。

上海家化公司创建于 1898 年，是中国最早的民族化妆品企业，但在相当长的一个时期中，其总体发展水平十分缓慢。至 20 世纪 80 年代初，上海家化仍处于产品等级低、科技投入少和发展后劲不足的状况。改革开放以来，上海家化面对激烈的国内外竞争，进行了一系列管理上的创新，使得企业获得了长足发展。

创新使上海家化公司发生了巨大变化。1995 年，公司实现销售收入 7.4 亿元，实现毛利 2.15 亿元，税后利润及提留基金近 5 000 万元，在全国近 2 000 家化妆品企业中名列第一，如果连同国际十大化妆品公司在中国办的合资或独资企业在内，名列第二。这是一个了不起的成绩。

著名管理学家詹姆斯·莫尔斯说："可持续竞争的唯一优势来自于创新能力。"任何企业只有不断创新才能不断实现超越。在激烈的市场竞争中，要么革新，不断地再创造；要么停滞不前，走向破产。

只有通过顾客才能了解企业的优势

【德鲁克语录】

企业应该不停地调查顾客：在我们为您提供的服务中，有哪些是其他企业所没有的？

【活学活用】

调查顾客的目的就是要从顾客那里得知企业已经获得的独

特优势。德鲁克说，虽然并不是所有的顾客都知道答案，而且他们的答案也可能让人摸不着头脑，但这些答案仍会暗示企业该从哪个方向寻找答案。管理者不要轻易、自大地认为企业的优势是什么，而应该让顾客来说出企业的优势是什么。

宝洁的成功就在于其能够通过广泛的市场调查、科学的市场细分方法，全力推出一种或几种定位的产品，来满足不同消费群体的不同需求。让产品去满足顾客，而不是让顾客去适应产品。

在创业之初，宝洁公司的两位创始人，看到当时美国生产的肥皂又黑又粗糙，与其本身的功能极不相称。为了适应妇女和儿童的需求，他们要求自己的产品，一是颜色要美，二是形状要美。于是，一种纯白、圆角的肥皂问世了。

美国人信基督，他们就利用《圣经》中的一段话："来自象牙宫的人，你所有的衣服都沾满了沁人心脾的香气！"给自己的肥皂取名"象牙"牌，为了打开"象牙"肥皂的销路，宝洁公司请来了美国当时著名的化学家和教授，对其产品进行分析、鉴定，做出权威性的报告，并把关键数字打人广告中，让消费者心服口服。很快"象牙"享誉全美以至全世界。

当宝洁把在美国畅销的洗衣精投向欧洲市场时，很快受阻，经调查发现，原因就在于欧洲的洗衣机只适用固态的洗衣粉，液态的洗衣精加入后，有一部分很快从底部流出。不久，宝洁就设计出了一种名为"威液球"的产品，当洗衣机的水加满时，才释放出洗衣精，并可重复使用。这种"威液球"很快成为畅销欧洲的产品。

为了使产品更贴近顾客，宝洁非常注意日常对客户的访问和调查，此外还首创了"一日回忆法"和查询电话制度。一日回忆法，即调查顾客对一天之内所接触到和正在使用的生活用品的感受，有何不便之处，有无新的要求。查询电话制度则要求每天有 50 位员工从早到晚通过电话来回答顾客的询问，以便从中受到启发，使自己的产品不断得到改进和完善，并及时设计出符合顾客需要的新产品。

对顾客的重视使宝洁几十年来持续成功。由此可见，市场调查不是形式，是企业保持正确发展，是寻找企业核心能力和优势的重要方法。市场调查的对象是顾客，而企业的利润全部由他们支付。任何顾客都是挑剔的，他们一定在多种选择中购买他们认为最好的产品。顾客会告诉企业应该怎么做。

潜力就是企业能够赢得市场的动力

【德鲁克语录】

仅有运气还是无法成功的。唯有那些能够系统地寻找并挖掘潜力的企业，才能成功。

【活学活用】

企业的潜力往往比已经发挥出的能力要大得多。专门盯着竞争对手而不关心自己企业内部潜力挖掘的管理者是很不明智的。如果把与外部企业血腥厮杀、血流成河的激烈竞争比作"红海"的话，那不断挖掘企业自身潜力，开拓新的市场的战略方式就是安居乐业、碧海蓝天的"蓝海"战略。

二战结束后，美日的航线主要由美国航空公司控制，对于日航来说，要想发展自己的业务非常艰难。为了改变生意冷清的状况，日航高薪聘请美国飞行员，购置一流的飞机，严保飞行安全和设施的先进，但由于竞争对手也采取了同样的措施，所以日航在竞争中仍处于劣势。

如何改变这种现状呢？日航决定以改善服务为突破口：世界各大航空公司的服务都大同小异，如精美的食物、和颜悦色的空姐、彬彬有礼的服务……但如果日航能够在飞机上展现日本的传统文化，不就能吸引好奇的西方乘客了吗？

于是，日航经过精心设计，让空姐身穿各种款式的和服，在飞机上向乘客展示日本的茶道；在送餐时以日本女性特有的温柔指导乘客怎样用筷子；为乘客服务时以日式鞠躬表示礼貌……这些充满了浓郁日本风情的服务方式，果然引起了西方游客对日本文化的浓厚兴趣，一些原本没有打算到日本旅游的西方人，也纷纷乘坐日航的班机前往日本旅游。

日航和其他航空公司相比，既没有硬件上的优势，也没有资金上的长处，他们在竞争中获胜的重要原因就在于：他们没有和竞争对手进行正面竞争，而是挖掘自身的优势，把握自身的长处，以改善服务为突破口，从而改变了自己在竞争中的弱势局面。

由此可见，企业内部的潜力就是企业赢得市场的动力。正如德鲁克所言，企业成功不仅仅靠运气，只有那些善于系统地寻找并挖掘潜力的企业，才能建立别人所不具备的优势，最终成为市场大赢家。